国家自然科学基金青年科学基金项目"城市低碳转型下典型行业能源—水—温室气体排放纽带关系及协同管理路径研究"（72004125）

山东省高等学校"青创团队计划""'双碳'目标下山东省重点行业减污降碳协同增效优化路径研究"（2022RW063）

国家自然科学基金基础科学中心项目"数字经济时代的资源环境管理理论与应用"（72088101）

教育部人文社会科学重点研究基地重大项目"黄河流域生态文明建设时空演进与发展模式研究"（22JJD790015）

陈伟　耿涌　著

矿产资源生态补偿机制研究

基于价值核算视角

Ecological Compensation Mechanism of Mineral Resources

Based on the Perspective of Value Accounting

中国社会科学出版社

图书在版编目（CIP）数据

矿产资源生态补偿机制研究：基于价值核算视角/陈伟，
耿涌著．—北京：中国社会科学出版社，2023.6
ISBN 978-7-5227-1905-4

Ⅰ.①矿… Ⅱ.①陈… ②耿… Ⅲ.①矿产资源开发—生
态环境—补偿机制—研究 Ⅳ.①F426.1 ②X321

中国国家版本馆 CIP 数据核字（2023）第 086345 号

出 版 人	赵剑英
责任编辑	刘晓红
责任校对	周晓东
责任印制	戴 宽

出　　　版	中国社会科学出版社
社　　　址	北京鼓楼西大街甲 158 号
邮　　　编	100720
网　　　址	http://www.csspw.cn
发 行 部	010-84083685
门 市 部	010-84029450
经　　　销	新华书店及其他书店

印　　　刷	北京君升印刷有限公司
装　　　订	廊坊市广阳区广增装订厂
版　　　次	2023 年 6 月第 1 版
印　　　次	2023 年 6 月第 1 次印刷

开　　　本	710×1000　1/16
印　　　张	11.5
插　　　页	2
字　　　数	101 千字
定　　　价	58.00 元

凡购买中国社会科学出版社图书，如有质量问题请与本社营销中心联系调换
电话：010-84083683

前　言

　　矿产资源是经济社会发展的重要物质保障。然而，矿产资源开发利用在给人类生活带来便利的同时也给生态环境造成了不同程度的破坏，严重制约着经济社会可持续发展。进行生态补偿，可以通过协调矿产资源开发利用过程中各利益主体间的相互关系，实现保护生态环境的目的。现阶段，生态补偿相关研究与实践已经逐步开展，但生态补偿标准确立缺乏科学依据等问题依然存在，矿产资源生态补偿机制尚未有效建立。在此背景下，本书从资源价值核算的角度出发，开展针对矿产资源生态补偿标准的研究，继而构建矿产资源生态补偿机制，促进我国矿产资源生态补偿机制的建立与完善。

　　本书在分析和总结国内外已有矿产资源价值评估、生态补偿研究的基础上，基于矿产资源损耗与外部环境成本，综合运用生命周期评价法、能值分析法以及生态系统服务价值当量因子法，构建矿产资源生态补偿标准核算框架，丰富我国价值核算与生态补偿领域的理论内容。此外，本书以 DCD 矿业有限公司为例进行实证分析，在合质金价值核算的基础上确定金矿开发生态补偿标准，为我国矿产资源生态补偿工作的进一步完善奠定理论基础。本书从深化资源税费改革、健全生态补偿法律法规体系、促进区域循环经济发展以及增强能力建设等方面提出对策建议以促进矿产资源生态补偿机制的有效落实。

本书选取 DCD 矿业为例进行实证分析，结果表明地壳中黄金资源的存在价值为 9.93 元/克。综合考虑商品的使用成本、生产成本和外部成本，每克合质金的价值为 358.30 元。其中，黄金资源的使用成本、其他资源投入成本以及外部环境成本分别为 12.27 元/克、328.43 元/克和 17.60 元/克。综合考虑矿产资源消耗与生态环境破坏，每克合质金生产全生命周期应提取 29.87 元进行生态补偿。资源消耗补偿量为 12.27 元/克，全生命周期生态环境价值损失补偿量为 17.60 元/克。生产过程造成的直接生态环境价值损失为 10.95 元/克，造成的间接生态环境价值损失为 6.65 元/克。

本书在进行生态补偿标准确立时，充分考虑矿产资源自身消耗与生态环境破坏，构建基于资源价值损失、环境影响经济损失和生态系统服务价值损失的矿产资源生态补偿标准，拓展了现有研究。本书编制的黄金开发全生命周期清单和核算的能值转换率，为相关研究提供数据支撑；相应的环境影响评估结果为相关管理者提供决策参考。在合质金价值核算的基础上确定生态补偿标准并构建生态补偿机制，对矿产资源生态补偿实践活动具有重要指导意义。

目　录

第一章

绪 论

第一节 研究背景

矿产资源是指经过地质成矿作用形成，埋藏于地下或暴露在地表，具有开发利用价值的有用元素的集合体，是经济社会发展的物质基础（闫慧敏等，2018）。中国是资源大国，矿产资源丰富，多种矿产品产量位居世界首位（Shao et al.，2016）。截至 2021 年年底，我国已发现矿产 173 种，主要矿产资源储量总体持续增长（中华人民共和国自然资源部，2022）。随着工业化和城市化的不断推进，我国对矿产资源的需求量不断增加。矿产资源是人类生存所必需的物质基础，为经济发展和社会进步提供了重要物质保障（崔娜，2012）。

然而，矿产资源开发给矿产资源产地带来了严峻的生态环境破坏等负面影响（崔娜，2012；朱九龙和陶晓燕，2016）。此外，我国"环境无价、资源低价、商品高价"的价格体系，不能真实地反映矿产资源的不可再生性和稀缺性等特点（安玉，2010）。为促进资源型地区的可持续发展，国务院在2013年发布的《资源型城市可持续发展规划》中提出深化"矿产资源有偿使用制度改革"、健全"资源开发补偿机制"等要求（中华人民共和国国务院，2013）。2018年，国家发改委出台了《关于创新和完善促进绿色发展价格机制的意见》，强调"加快建立健全能够充分反映市场供求和资源稀缺程度、体现生态价值和环境损害成本"的资源环境价格机制，将"生态环境成本纳入经济运行成本"（中华人民共和国国家发展和改革委员会，2018）。鉴于目前我国尚未建立起完善的矿产资源生态补偿机制，因此，从资源价值核算的角度出发，开展矿产资源生态补偿标准的研究，继而建立矿产资源生态补偿机制十分重要和急迫。

一 矿产资源概况

2014年，中国的能源、粗钢、十种有色金属以及黄金的产量和消费量首次列世界首位（中国矿业年鉴编辑部，2016）。据统计，2021 年我国煤炭、天然气和石油等主要能源矿产的资源储量普遍增长。表 1-1 给出了我国主要矿产资源储量。由表 1-1 可以看出，2021 年煤炭资源储量为 0.21 万亿吨，与 2020 年相比增长 28.10%；煤层气剩余技术可采储量为 5.44 千亿立方米，与 2020 年相比增长 64.09%。此外，黑色金属矿产资源储量中，锰矿与 2020 年相比增长了 32.27%；大多数有色金属矿产资源储量也均有增长，其中金矿与 2020 年相比增长 53.80%，银矿增长 41.66%；非金属矿产中磷矿、钾矿以及重晶石等储量也均有所增加。我国矿产资源储量的增长以及矿产品开发利用能力的不断提高，为我国经济社会的稳健发展提供了强有力的保障。

表 1-1　　　　　　　我国主要矿产资源储量

序号	矿产	单位	年份		变化
			2020	2021	（%）
1	煤炭	亿吨	1622.88	2078.85	28.10
2	石油	亿吨	36.19	36.89	1.93
3	天然气	亿立方米	62665.78	63392.67	1.16
4	煤层气	亿立方米	3315.54	5440.62	64.09
5	页岩气	亿立方米	4026.17	3659.68	-9.10
6	铁矿	矿石，亿吨	108.78	161.24	48.23
7	锰矿	矿石，亿吨	2.13	2.82	32.27
8	铬铁矿	矿石，万吨	276.97	308.63	11.43

续表

序号	矿产	单位	年份		变化
			2020	2021	（%）
9	钒矿	V_2O_5，万吨	951.20	786.74	-17.29
10	钛矿	TiO_2，亿吨	2.01	2.24	11.27
11	铜矿	金属，万吨	2701.30	3494.79	29.37
12	铅矿	金属，万吨	1233.10	2040.81	65.50
13	锌矿	金属，万吨	3094.83	4422.90	42.91
14	铝土矿	矿石，亿吨	5.77	7.11	23.35
15	镍矿	金属，万吨	399.64	422.04	5.61
16	钴矿	金属，万吨	13.74	13.86	0.87
17	钨矿	WO_3，万吨	222.49	295.16	32.66
18	锡矿	金属，万吨	72.25	113.07	56.50
19	钼矿	金属，万吨	373.61	584.89	56.55
20	锑矿	金属，万吨	35.17	64.07	82.17
21	金矿	金属，吨	1927.37	2964.37	53.80
22	银矿	金属，万吨	5.07	7.18	41.66
23	铂族金属	金属，吨	126.73	87.69	-30.81
24	锶矿	天青石，万吨	1580.43	2463.98	55.91
25	锂矿	氧化物，万吨	234.47	404.68	72.59
26	菱镁矿	矿石，亿吨	4.95	5.80	17.21
27	萤石	矿物，亿吨	0.49	0.67	38.45
28	耐火黏土	矿石，亿吨	2.83	2.85	0.81
29	硫铁矿	矿石，亿吨	6.95	13.19	89.82
30	磷矿	矿石，亿吨	19.13	37.55	96.29
31	钾盐	KCl，亿吨	2.81	2.84	1.30
32	硼矿	B_2O_3，万吨	2090.10	1119.29	-46.45
33	钠盐	$NaCl$，亿吨	207.11	206.28	-0.40
34	芒硝	Na_2SO_4，亿吨	17.73	377.96	2031.75
35	重晶石	矿石，亿吨	0.37	0.92	148.16
36	水泥用灰岩	矿石，亿吨	342.66	421.06	22.88
37	玻璃硅质原料	矿石，亿吨	11.33	16.46	45.28

序号	矿产	单位	年份		变化
			2020	2021	（％）
38	石膏	矿石，亿吨	15.48	21.25	37.27
39	高岭土	矿石，亿吨	5.72	7.52	31.63
40	膨润土	矿石，亿吨	3.02	3.33	10.26
41	硅藻土	矿石，亿吨	1.51	1.71	12.89
42	饰面花岗岩	亿立方米	11.63	16.95	45.74
43	饰面大理岩	亿立方米	4.29	5.30	23.54
44	金刚石	矿物，千克	1302.36	183.19	-85.93
45	晶质石墨	矿物，亿吨	0.52	0.78	49.59
46	石棉	矿物，万吨	1489.50	1789.68	20.15
47	滑石	矿石，亿吨	0.56	0.72	28.57
48	硅灰石	矿石，亿吨	0.51	0.64	25.06

注：油气矿产为剩余技术可采储量。

资料来源：中华人民共和国自然资源部（2021）、中华人民共和国自然资源部（2022）。

二 矿业经济贡献与社会效益

我国矿业的快速发展对经济社会的全面发展起到了重要的支撑作用（鞠建华等，2019）。矿产资源开发利用在为我国经济快速发展提供资源保障的同时，创造了经济效益，加速了我国经济的发展。与此同时，矿产资源的开发利用还为社会提供了大量的就业机会，提高了人民生活水平。图1-1给出了2008—2017年我国非油气矿产资源总产量与相应工业总产值的变化趋势。2008—2011年，我国非油气矿产资源的工业总产值从2008年的11.28千亿元增加到2011年的19.38千亿元，矿产资源的开发利用为我国经济发展积累了大量资金。由图1-1可以看出，2011年之前，中国非油气矿产资源总产量与非油气矿产工业总产值都呈逐年增加的情况，2012年之后产量与工业总产值均有降低的趋势，且工业总产值下降速率高于产量下降速率。世界经济低迷，全球金融市场动荡，国际矿产品市场供过于求局面凸显，矿产品价格下跌，是造成这一现象的原因之一（王安建等，2017）。

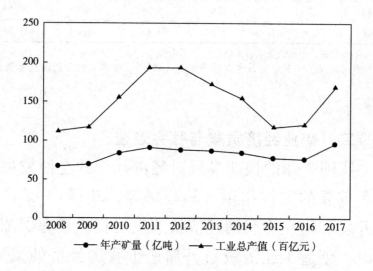

图1-1 中国非油气矿产资源的总产量与工业总产值

矿产资源的开采利用在创造经济效益的同时也带来了积极的社会效应。由表1-2可以看出，矿产资源开发利用为社会创造了巨大的经济利润，也为社会提供大量的就业机会，仅非油气矿产资源开采从业人员就占全国就业人员的近1%。矿产资源开发利用在为社会提供大量就业机会、提高居民生活水平方面作出突出贡献。矿业市场不景气,矿产品价格暴跌是导致2015年矿业利润低的原因之一。随着供给侧结构性改革的进一步深化,去产能效果逐渐显现,矿产行业出现回暖。

表1-2　2008—2017年全国非油气矿产资源开采经济社会效益

年份	产矿量 (亿吨)	利润总额 (亿元)	从业人员 (万人)	全国就业人数 占比(%)
2008	67.20	2023.38	730.95	0.94
2009	69.27	1910.09	724.01	0.93
2010	82.92	2741.66	669.16	0.92
2011	90.68	3731.16	692.00	0.91
2012	87.23	3083.81	671.11	0.87
2013	86.79	2053.42	634.46	0.82
2014	84.36	1194.84	584.25	0.76
2015	77.49	364.58	519.01	0.67
2016	76.01	1076.62	445.51	0.57
2017	82.32	3286.24	413.33	0.53

资料来源:《中国矿业年鉴》(中国矿业年鉴编辑部,2010;中国矿业年鉴编辑部,2011;中国矿业年鉴编辑部,2012;中国矿业年鉴编辑部,2013;中国矿业年鉴编辑部,2014;中国矿业年鉴编辑部,2016;中国矿业年鉴编辑部,2019)、《中国国土资源统计年鉴(2018)》(中华人民共和国自然资源部,2020)、《中国统计年鉴》(中华人民共和国国家统计局,2010;中华人民共和国国家统计局,2018)。

三　矿业环境污染

矿产资源在为中国经济快速发展提供动力的同

时，其在开采、加工过程中也造成了严重的环境污染，相应的环境问题日益凸显。矿业作为经济社会发展支柱产业，在开发过程中引发了大量的生态环境问题（普传杰等，2004）。露天采矿场的扬尘、地下开采未有效填充的采空区、地下爆破造成的地表塌陷、选矿产生的生产废水、冶炼厂的污染物排放以及生产过程中产生的尾矿等都影响矿区周围的生态环境（普传杰等，2004）。表1-3整理了2006—2015年采矿行业废弃物排放情况。其中，采矿行业废气排放量占全行业废气排放量的1%—2%；固体废物产生量占全行业固体废物产生量的37%以上；废水排放量占全行业废水排放量的比例由6%增加到10%以上。矿产资源的开采除造成生态环境的直接破坏外，其产生的环境污染还可能导致生态环境功能的改变，危害当地生物多样性及影响本地居民健康（Cohen and Amon，2012；Zhang et al.，2012）。矿区生态环境破坏、开采加工过程资源浪费等问题，已严重制约矿业的可持续发展。

表1-3   采矿业废弃物排放总量

年份	工业废气排放量（亿立方米）	占比（%）[a]	工业固体废物产生量（万吨）	占比（%）[b]	工业废水排放总量（万吨）	占比（%）[c]
2006	6383	1.93	52767	37.15	133620	6.42

续表

年份	工业废气排放量（亿立方米）	占比（%）[a]	工业固体废物产生量（万吨）	占比（%）[b]	工业废水排放总量（万吨）	占比（%）[c]
2007	6550.3	1.69	63262.7	38.52	152436	6.91
2008	7029	1.74	67163	37.79	153276	7.05
2009	6127	1.41	74835	39.25	151579	7.25
2010	7182	1.38	90682.77	40.29	178583	8.43
2011	7187	1.07	146504.34	47.33	232981	10.94
2012	10692	1.68	154156.37	48.55	233145	11.46
2013	7807	1.17	149302.78	47.22	737137	14.97
2014	9178	1.32	145914.08	46.29	225387	12.06
2015	8466	1.24	142007.76	45.09	225559	12.42

注：a 表示全行业工业废气占比，b 表示全行业工业固体废物占比，c 表示全行业工业废水占比。由于统计口径发生变化，因此仅分析到 2015 年。

四　研究必要性

矿产资源开发利用与环境、经济、社会发展的矛盾和不协调现象日益突出，矿产资源开发带来的生态环境问题已成为制约我国经济健康可持续发展的重要因素（师红聪，2013）。矿产资源开发是把"双刃剑"，其在为经济社会发展带来正面效益的同时也带来负面影响；然而，其带来的正面效益通常被全社会所共享，而导致的负面影响则多由资源产地被动承担（崔娜，2012；Xu et al.，2016）。如何减少和遏制矿产资源开发利用对矿区生态环境的破坏，促进经济效益与环境保护的协调统一，成为目前亟待解决的问题。

自 2000 年我国实施西部大开发战略以来，西部 12 个省、直辖市及自治区成为矿产资源开发的主要地区，承接了中东部地区矿产资源枯竭和产量萎缩造成的产业转移（李海东等，2016）。西部地区拥有丰富的矿产资源，然而丰富的矿产资源没有转化成经济优势，"资源诅咒"等现象一直困扰着西部地区的发展（李长亮，2013）。西部地区生态环境相对脆弱，矿业活动可能导致生态破坏与环境污染，影响西部地区生态系统完整性、生物多样性，危害人民群众健康（李海东等，2015；李海东等，2016），从而制约矿产资源的后续开发以及区域经济社会的可持续发展。近年来，随着矿产资源的开发，西部地区出现了生态环境污染和破坏、矿区居民生活环境恶化、矿区后续发展能力减弱等问题（李长亮，2013）。目前，我国矿产资源开采相关各项生态环境税/费的征收标准远低于开采活动所造成的生态环境损失，使矿产资源开采所造成的环境损失不能得到合理的补偿（刘文婧，2016；李国平等，2013）。虽然目前我国正在对矿产资源生态补偿方面进行探索，但尚未形成完善的矿产资源生态补偿机制。生态补偿标准的确定仍没有明确依据，矿产资源价值评估及生态环境补偿已成为当前研究的热点问题。因此，亟待建立有效的矿产资源生态补偿机制，从而促进矿产资源可持续开发。

根据环境经济学理论，商品的成本由使用成本（现在使用资源而放弃的其未来效益的价值）、生产成本（直接的生产成本）、外部成本（商品生产所造成的环境污染及生态破坏而产生的损失）三部分组成（李克国，2007）。然而，生产者通常只承担生产成本，却没有承担或承担极少部分使用成本和外部成本（李克国，2007）。传统的经济价值核算不能体现生态系统贡献，目前，我国亟待建立充分体现资源稀缺、生态价值与环境损失的价格体系。因此，本书从生态学角度出发，利用将生态环境贡献内部化的能值分析法量化矿产资源使用成本和生产成本；同时，从全生命周期的角度量化矿产资源外部成本，即矿产资源全生命周期环境影响经济损失和生态系统服务价值损失。

我国现行的矿山生态补偿实践多以恢复矿山生态环境为基本目标，忽略了矿产资源自身消耗的问题。建立反映资源稀缺程度、体现生态价值和代际补偿的资源有偿使用制度和生态补偿制度是提高经济运行效率、推动人们保护自然环境的必然条件。因此，本书拓展现有研究，构建基于矿产资源价值损失与生态环境价值损失的矿产资源生态补偿标准核算框架，充分考虑矿产资源稀缺程度、生态价值以及代际补偿。

第二节　研究意义

生态补偿机制的建立和完善是一个漫长的过程，还有许多科学与政策问题需要研究，也有一些实际操作上的问题需要不断解决（中华人民共和国国家发展和改革委员会，2016）。本书在分析和总结国内外已有矿产资源价值评估、生态补偿研究的基础上，根据矿产资源消耗以及资源开发外部性，构建反映矿产资源价值损失与生态环境价值损失的生态补偿标准核算框架，丰富我国价值核算与生态补偿领域的理论内容。此外，本书以 DCD 矿业有限公司为例进行实证分析，在合质金价值核算的基础上确定生态补偿标准，为我国矿产资源生态补偿工作的进一步完善奠定理论基础。本书具有重要的理论意义和现实意义。

理论意义：①本书从全生命周期视角出发，构建矿产资源全生命周期生态环境价值损失核算框架，为资源性产品外部成本核算提供新思路。②本书从资源消耗与生态环境损失两个方面着手进行生态补偿标准的确立，丰富矿产资源生态补偿理论。③本书构建基于企业实际运行数据的黄金生产生命周期清单，填补我国黄金生产生命周期清单的空白；核算黄金能值转换率，丰富能值转换率数据库。

现实意义：①本书以 DCD 矿业为例进行分析，评估合质金生产全生命周期环境影响，评估结果为企业及当地环保部门提高环境绩效提供数据参考，促进矿业的可持续发展。②本书量化合质金产品全生命周期能值投入，评价合质金生产系统可持续发展水平，评价结果能够为当地政府进行产业结构优化等方面决策提供科学依据。③本书评估合质金产品生态补偿标准，有助于 DCD 矿业生态补偿的实施，同时促进 HX 矿产资源生态补偿的开展。

第三节　研究内容

本书主要开展了以下四部分研究内容。

（1）矿产资源全生命周期能值评估。鉴于矿产资源形成的特殊性，研究选用能值分析法量化生态系统对不同资源禀赋矿产资源的贡献；继而对矿产资源开采全生命周期资源投入能值进行量化。之后，研究选用 DCD 矿业有限公司进行实证分析，评估基于当地资源禀赋条件下的黄金资源价值，并量化合质金生产全生命周期能值投入。这部分内容为后续生态补偿标准研究提供数据支撑。

（2）矿产资源生态环境价值损失评估。矿产资源开采造成环境污染的同时也破坏原来的生态系统。研究采用生命周期评价法评估矿产资源开发全生命周期环境影响，继而结合意愿支付、生态系统服务价值当量因子法等评估矿产资源开发全生命周期环境影响经济损失及生态系统服务价值损失。随后，研究进行实证分析，量化合质金生产全生命周期生态环境价值损失（环境影响经济损失与生态系统服务价值损失之和）。这部分内容为后续生态补偿标准研究提供数据支撑。

（3）矿产资源生态补偿机制构建。从资源消耗与生态环境损失两个方面出发确立矿产资源生态补偿标准，并围绕补偿原则、补偿主体与客体、补偿途径以及监管与保障机制进行生态补偿机制的构建。之后，以 DCD 矿业为例进行生态补偿标准的核算，构建基于现状的生态补偿机制。

（4）政策建议。从深化矿产资源税费改革、完善生态补偿法律法规体系、调整结构与促进循环经济发展以及提高当地能力建设四个方面提出对策建议，促进 HX 矿产资源生态补偿的实施。

第四节　研究技术路线与概述

一　技术路线

本书的技术路线如图 1-2 所示。

二　本书结构

本书总共七章，主要内容如下。

第一章绪论。主要介绍研究选题背景、研究意义、研究内容以及采取的技术路线等。

第二章研究综述。本章首先对矿产资源价值核算以及矿产资源生态补偿相关文献进行梳理；其次对研究选用的价值核算方法、环境影响评价方法及生态系统服务核算方法进行论述。

第三章矿产资源全生命周期能值评估。本章首先介绍了矿产资源存在价值核算方式，继而采用能值分析法对矿产资源开发利用全生命周期能值投入进行量化，使生态环境贡献内部化。本章对案例区进行介绍，随后进行实证分析，评估合质金产品全生命周期能值投入总量，量化合质金产品中所蕴含的黄金资源价值。

第四章矿产资源生态环境价值损失评估。本章首先构建基于生命周期评价与生态系统服务价值当

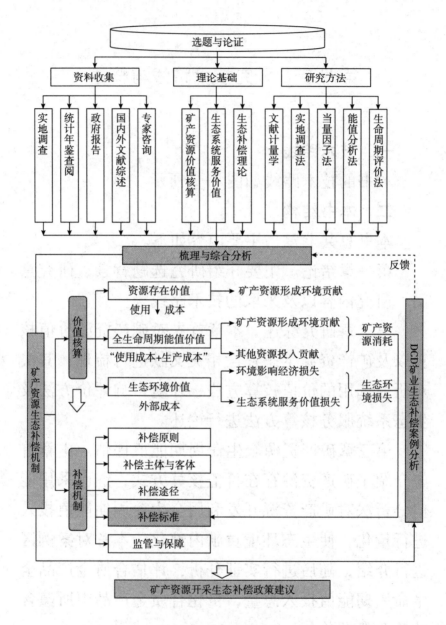

图1-2　本书技术路线

量因子法的矿产资源生命周期生态环境价值损失核

算框架，从环境影响经济损失与生态系统服务价值损失两个方面入手，进行生态环境价值损失核算。其次进行实证分析，并基于生命周期评价不确定性分析，给出合质金生产生态环境价值损失上下限。

第五章矿产资源生态补偿机制。本章在价值核算的基础上，综合考虑矿产资源损耗与生态环境损失进行生态补偿标准的确立；并围绕补偿原则、补偿主体与客体、补偿途径与资金来源以及监管与保障机制进行生态补偿机制的构建。最后进行实证分析，确立合质金生产全生命周期生态补偿标准，构建生态补偿机制。

第六章政策建议。从资源税费改革、结构调整、能力建设等方面提出促进矿产资源生态补偿机制有效落实的政策建议。

第七章结论与展望。本章得出研究结论，总结本书的主要创新，最后指出本书的不足并对未来研究进行展望。

第二章

研究综述

第一节　矿产资源价值核算

一　矿产资源的概念

矿产资源是指经过地质成矿作用形成，埋藏于地下或暴露在地表，具有开发利用价值的有用元素的集合体[①]。矿产资源是社会发展的重要物质基础，现代人类社会生产和生活都离不开矿产资源（闫慧敏等，2018）。与此同时，作为典型的非可再生资源，矿产资源储量有限（陶建格和沈镭，2013）。因此，必须充分认识矿产资源价值，提高矿产资源开发和利用效率。

[①]　参见《中华人民共和国矿产资源法实施细则》，中华人民共和国自然资源部网站（http：//g. mnr. gov. cn/201701/t20170123_1427794. html），2004 年 6 月 25 日。

二 研究进展

对于矿产资源价值，国内外理论界存在不同的看法。反对矿产资源具有价值的观点主要有两种。一种观点认为，产品之所以有价值是因为赋予了人类劳动，而矿产资源是天然形成的，不带有任何物化劳动，因此矿产资源不具有价值（任海兵等，2008）；另一种观点认为，没有被开采的矿产资源，无法为矿山所有者或矿山开采者带来收益，也不能被消费者使用，所以不具有价值（邵长龙，2010）。相应地，主张矿产资源有价值的观点主要有以下三种：①认为矿产资源虽然本身不含有人类劳动，但包括矿产资源在内的大多数自然资源都有诸如勘探、普查、保护等人类活动作用其上，因此，矿产资源具有价值（魏永春，2002）；②认为矿产资源的价值是由矿产资源的天然价值和人类劳动投入所创造的价值两部分组成（邵长龙，2010）；③认为矿产资源是一种可耗竭的稀缺性资源，其价值应等于补偿新的矿产资源所要投入的普查费用与勘探费用（朱学义，2008；邵长龙，2010）。

随着经济发展以及生产力进步，矿产资源相对人们的需求从剩余到稀缺甚至枯竭。同时，经济发展与生态环境保护、资源供给的矛盾日益凸显，使人们逐渐认识矿产资源的有限性以及自然资源与经济协调发展的重要性（冯俊，2009）。目前，矿产资源具有价值这一观点已经得到了国内外学者的普遍认可，但是在矿产资源价值构成体系方面学术界仍有不同的观点，如劳动价值论、效用价值论、生产价值论和市场价值论等（刘文婧，2016）。

如何科学客观地核算矿产资源价值是当前学术界所面临的关键科学问题之一。近年来，在可持续发展战略影响下，国内外许多学者开始对矿产资源价值进行研究，从不同的角度提出了矿产资源价值核算理论和方法，矿产资源价值核算研究取得了一定进展（高明辉等，2007）。目前，用于矿产资源价值核算的方法主要有影子价格法、使用者成本法、收益还原法以及能值定价法等方法（陶建格和沈镭，2013），详见表2-1。

表2-1　　　　　矿产资源价值核算方法比较

方法	概念	应用
影子价格法	"影子价格"能计算出在其他资源投入不变的情况下，一种资源投入每增加一单位所带来的追加收益，是矿产资源配置向优化方向发展的价格（陶建格和沈镭，2013）	影子价格法最初用于研究短缺资源优化配置，在计划定价方法中具有重要影响（黄智晖和谷树忠，2002）； 马国霞等（2009）利用影子价格法计算了我国16种主要矿产资源的价格； Hamilton（2008）利用影子价格法计算美国石油的价格

续表

方法	概念	应用
使用者成本法	使用者成本的思想起源于 Hotelling (1925)，使用者成本法由 E. I. Serafy 提出，后来被广泛应用于不可再生资源价值损耗方面的评估 (Serafy, 1989; 李国平和张海莹, 2011)。该方法将资源资本所产生出来的毛收入分为两部分：一部分为真实收入，即扣除资源折耗后得到的收入；另一部分为开采这一可耗竭性资源所能获取的机会成本，即使用者成本 (范超等, 2011)	Mlambo (2010) 利用使用者成本法核算金属资源的成本；李国平和杨洋 (2009) 核算不同折现率下我国煤炭和石油天然气开发的使用者成本；Lin 等 (2012) 利用修正的 E. I. Serafy 使用者成本法核算中国煤炭资源的耗减成本，并提出通过征收资源税来反映煤炭资源真实成本的建议
收益还原法	收益还原法又称为收益资本化法，该方法依据替代与预测原理，着眼于未来的预期收益	收益还原法一般用于对某一地区可替代的耗竭矿产资源进行价格计算，如油气资源定价等 (陶建格和沈镭, 2013)；曹新元 (2005) 采用收益还原法对我国矿产资源价值进行核算
能值定价法	能值定价法是通过能值货币比率，将总能值投入量转换成相应的能值货币价值，从而将资源形成过程中生态系统的贡献内部化 (Odum, 1996; 蓝盛芳和钦佩, 2001)	杨青等 (2017) 利用能值分析法核算天然石墨矿和球形石墨的价值，指出能值货币价值远高于产品的出厂价格；刘文婧 (2016) 利用能值分析法核算我国稀土资源价值，并基于评价结果提出促进稀土资源可持续管理的对策建议；Hannon (2001) 运用能值分析法量化能源资源性产品的价值

学术界在矿产资源价值核算方面已取得一定研究成果，但每种方法有各自的优缺点，目前还没有进行矿产资源价值核算的标准方法。使用者成本法、影子价格法以及收益还原法主要从经济视角出发，不能有效地反映资源形成过程中生态环境的贡献。能值定价机制以生态劳动价值论为定价的理论

基础，突破了以往以传统劳动价值论进行定价的方式，将劳动的范围由经济社会系统扩大到自然生态系统，为重新认识、客观测算资源本身的价值提供了新的理论依据（刘耕源和杨志峰，2018；韩君，2014）。矿产资源是经过亿万年生态系统的作用而形成的，矿产资源价值应该包括资源形成过程中生态系统的贡献。因此，本书采用能值定价法从生态学的视角探究矿产资源价值。目前，已经有学者利用能值分析法进行资源价值核算研究，这些研究的开展为本书的展开提供了良好的借鉴，详细内容见本章第三节。

第二节　矿产资源生态补偿

一　矿产资源生态补偿内涵

矿产资源生态补偿是指为改善矿产资源开采造成的生态破坏、环境污染以及弥补区域可能丧失的可持续发展机会而进行的治理、恢复工作，以及给予资金扶持、财政补贴、税收减免和政策优惠等一系列活动的总称（冯聪，2016）。生态补偿机制是一项具有经济激励作用、与"污染者付费"原则并存、基于"受益者付费和破坏者付费"原则的环境经济政策（魏国印，2009）。

目前，矿产资源生态补偿主要包括对环境污染的补偿和对生态功能的补偿（陈孝劲，2011）。学术界对矿产资源生态补偿的研究一直处于探索阶段。高彩玲等（2008）认为，矿产资源开发生态补偿是在矿产资源开采过程中，对依附于矿产资源之上的自然生态系统造成的破坏和矿区居民遭受的损失给予补偿。吴强（2008）从矿产资源开发环境代价的角度对补偿进行研究，提出生态补偿不仅包括环境污染和生态破坏产生的经济损失，还包括为避免或减少环境破坏的防护性支出，以及对已经破坏的生态环境进行治理恢复的成本。刘孙丹（2013）、李仁发（2011）从矿区生态系统服务价值损失的角度出发，确定矿区生态补偿标准。综合各位学者的研究，在本书中矿产资源生态环境损失包括矿产资源开采造成的环境影响经济损失以及生态系统服务价值损失。

二 研究进展

对矿产资源开采造成的生态损害，早在 20 世纪初就引起了关注。最早开始关注和实施矿区生态环境恢复治理工作的是德国和美国。美国在 1920年的《矿山租赁》中就明确要求保护土地和自然环境。黄馨缘（2015）对国外生态补偿相关研究

进行梳理，指出美国、澳大利亚及加拿大等国家已经建立了较为完善的矿区复垦制度，且已经有较为完善的法律法规体系。

在矿产资源生态补偿方面，我国起步较晚。如图 2-1 所示，我国矿产资源生态补偿最早起于 1983

1983年	云南省对磷矿开采征收植被覆土费用以及其他生态环境破坏恢复费用。开启我国生态补偿的先河
出台《土地复垦规定》，明确企业的复垦责任和义务	1988年
1994年	出台《矿产资源补偿费征收管理规定》，开始实施矿产资源生态补偿费用制度，该费用主要用于补偿国家对资源勘探投入的不足
国家设立矿山地质环境专项资金，支持地方开展历史遗留和矿业权人（依法取得矿业权的自然人、法人或其他经济组织，统称为矿业权人）灭失矿山的地质环境治理工作	2003年
2006年	财政部等三部门联合出台了《关于逐步建立矿山环境治理和生态恢复责任机制的指导意见》，要求提取矿产品销售收入的一定比例，作为矿山环境治理和生态恢复保证金
全国人大将《生态补偿条例》列入了立法计划，立法进程正在推进之中	2010年
2016年	颁布《国务院办公厅关于健全生态保护补偿机制的意见》，强调要"研究制定生态保护补偿条例，鼓励各地出台相关法规或规范性文件，不断推进生态保护补偿制度化和法制化"
财政部等三部门联合发布《关于取消矿山地质环境治理恢复保证金建立矿山地质环境治理恢复基金的指导意见》，明确指出取消矿山地质环境治理恢复保证金制度，以基金的方式筹集治理恢复资金	2017年

图 2-1 我国矿产资源生态补偿法律法规

年（张平等，2009）。随后，在生态补偿立法方面做了大量的探索，并于2010年将研究制定的《生态补偿条例》列入立法计划[①]，但是目前在生态补偿方面尚没有形成完善的法律体系，矿产资源生态补偿方面的立法仍为空白。

在学术界，国内外学者从不同角度、不同领域对矿产资源生态补偿开展了研究。在对生态补偿的定量分析中，国外生态补偿的研究更加侧重补偿意愿。如Plantinga等（2001）对不同情境下农民的补偿意愿曲线进行刻画，并利用该曲线预测退耕量和农民的意愿补偿标准。Bienabe和Hearne（2006）通过意愿调查法对哥斯达尼亚的居民及外来游客进行关于生态环境支付意愿的调查。Moran等（2007）对苏格兰地区居民的生态补偿支付意愿进行问卷调研，调研结果显示当地居民倾向于采用收入税的模式参与到生态支付活动中。此外，Peralta（2007）以复垦成本为依据核算矿山生态补偿标准。Johst等（2002）在建立生态经济模型基础上，进行了分物种、分功能的生态补偿测算。

国内学者也从多方面开展了生态补偿相关研究。例如，李国平和郭江（2012）运用条件价值

---

① 参见《杜鹰同志出席生态补偿立法与流域生态补偿国际研讨会并作重要讲话》，中华人民共和国中央人民政府网站（http://www.gov.cn/gzdt/2010-10/27/content_1731604.htm），2010年10月27日。

评估法对矿区资源开发所造成的生态环境价值损失进行评估，并指出年龄、人均年收入、受教育程度以及职业状况是影响当地居民支付意愿的关键因素。张思锋和杨潇（2010）将生态环境和人力资本损失、机会成本以及恢复成本等作为补偿依据，进行煤炭资源开发生态补偿额度的确定。刘心占（2010）从矿区开采污染物造成经济损失的角度出发，运用替代市场价值法及市场估值法评估陕北神木煤炭矿区生态补偿标准。李保杰等（2015）利用修正的生态系统服务价值当量因子法评估徐州市贾汪矿区生态系统服务价值。单兰波（2008）从矿区生态环境破坏价值及生态环境修复成本的角度，分析淮南煤炭资源开发生态补偿标准。卢元清（2015）从损益分析的角度出发，进行矿区生态补偿标准的确定。顿耀龙等（2015）利用灰色模型预测平朔露天矿区在产业转型背景下生态系统服务价值的变化。

综上所述，目前学术界对生态补偿的研究主要集中于生态补偿标准的确立。虽然已经进行了广泛探讨，但矿区生态补偿的标准确立还没有明确依据，矿产资源生态补偿金额的确定方法尚未统一。对近几年的相关研究进行梳理，结果表明确定生态补偿标准的依据主要有以下几种：①以环境污染损失为依据确定补偿标准；②以生态环境修复/恢复成本为依据确定补偿标准；③以生态系统服务价值为核算依据确定补偿标准。生态补偿标准核算相关的方法有恢复成本法、替代市场价值法、人力资本损失法、机会成本法、生态系统服务价值当量因子法等。合理的生态补偿标准是生态补偿机制得以有效实施的前提，然而目前生态补偿标准的确立还处于理论研究阶段。矿产资源开发不仅产生环境污染、造成生态环境破坏，其本身更是资源消耗的过程。因此，在本书中，矿产资源生态补偿包括资源存在价值损失与资源开发过程造成的生态环境价值损失。生态环境损失核算方面，研究创新性地从全生命周期的角度核算矿产资源环境影响经济损失与生态系统服务价值损失，为政策制定提供更为全面详尽的信息。

第三节　能值分析法

一　基本概念

能值分析法由美国著名生态学家 Odum 于 20世纪 80 年代末创立。能值理论基于地球生物圈物质和能量流动规律，能有效反映资源形成过程中自然环境的贡献（蓝盛芳和钦佩，2001）。Odum 将能值定义为产品或劳务形成过程中所需要的直接和间接的有效能，如图 2-2 所示。实际应用中，常以太阳能为基准来衡量各种能量的能值（蓝盛芳和钦佩，2001），单位为太阳能焦耳（Solar Emjoules，sej）。不同类别的流可通过单位能值价值（Unit Emergy Value，UEV）转化为太阳能值，从而可以对进出研究系统的各种流（能量、物质、货币、信息等）进行定量比较和分析。能值分析法能够将所有不同类别的资源、能量、产品，甚至劳动与服务等难以比较的项目转化为统一的量纲，为环境负载计算和环境经济绩效评价提供了新思路（刘耕源和杨志峰，2018），被广泛应用到可持续评价与环境核算领域（Chen et al. ，2017；刘文婧等，2016）。

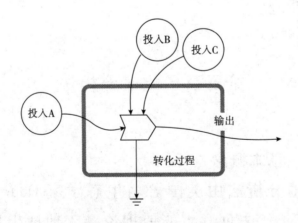

图 2-2　能值转换基本过程

UEV 是能值分析的基础，它的定义是单位物理量（能量、质量或货币）所具有的能值量，即每单位某种类别的流量所包含的能值量。借助 UEV 可将所有与研究系统有关的投入进行统一量纲的转换，即将不同性质的流转换为太阳能值。因此，能值分析可以克服传统能量分析法中不同物质和能量间不具有比较性和可加性等缺陷（王鹏等，2018），将各种不同性质的流通过 UEV 转换为同一量化单位（太阳能值）进行分析比较，进而可以识别不同流在系统中的作用和贡献量。实际运用中，根据所表征的内容，UEV 又有几种不同的表现形式。目前常用的有能值转换率、特种能值及单位货币能值（刘耕源和杨志峰，2018）。其中，能值转换率（transformity）是指单位有效能所包含的能值，单位为 sej/J；特种能值（specific emergy）是指单位质量所具有的能值，单位为 sej/g；单位货币能值（能值货币比率）即单位货币所具有的能值价值，是货币流与能值流进行转换的桥梁，单位为 sej/ $ 。

能值分析过程中要明确所选用的能值基准，因为能值分析结果和既定的能值基准密不可分。然而，在各学科领域中基础常数和标准并不都恒定不变，会随着人类新的认知而更新，能值基准也不例外。在考虑驱动地球生态系统的太阳能、潮汐能及地热能的条件下，Odum 于 1996 年给出能值核算的基准值，基准值为 9.44E+24 seJ/a。随后，Odum 在 2000 年对能值基准进行了修正（Odum and Odum，2000），修正值为 15.83E+24 seJ/a。Brown 和 Ulgiati 在 2010 年借助卫星测绘等更为先进的技术手段，再次对能值基准进行修正，得到修正值 15.20E+24 seJ/a（Brown and Ulgiati，2010）。近年来，Brown 和 Campell 等学者又对新的能值基准进行了研究，并于 2016 年发表了各自相应的研究成果。Brown 和 Ulgiati（2016）给出的新的能值基准为 12.1E+24 seJ/a，Campbell（2016）给出的新的能值基准为 11.6E+24 seJ/a。采用统一的能值基准，能够提高能值分析结果的可比性，使能值分析结果更好地服务于政策制定。Brown 等（2016）建议选取这两个值的均值（12.0E+24 seJ/a）作为新的能值基准。本书中能值基准选用最新的能值基准，即 12.0E+24 seJ/a，基于其他能值基准的 UEV 均通过系数转换为该基准下的 UEV。

二 研究进展

不同类别的流可以通过 UEV 转化为太阳能值，从而能够对进出研究系统的各种流（能量、物质、货币以及信息等）进行定量比较和分析。Odum 等学者经过长期的努力已经积累了大量的 UEV 数据，目前相对较为成熟的能值数据库是 National Environmental Accounting Database（NEAD）（NEAD，2019）。该平台的建立进一步促进了能值分析法的发展。此外，能值分析法与其他方法的结合（如生态足迹法、生命周期评价法等）使能值理论的应用范围进一步扩大（刘文婧等，2016；Chen et al.，2017）。目前能值分析法已被成功应用于自然生态系统（Turcato，2015）、农业生态系统（Wang et al.，2017；Zhang et al.，2016）、工业系统（Chen et al.，2016；Geng et al.，2010）以及区域生态经济系统等方面（Chen et al.，2017；Chen et al.，2018）。

能值分析法能够将不同能质的流量或存量转换为统一的量纲，可用于量化市场化和非市场化资源、服务等项目在给定产品或服务中的环境价值（Odum，1996；刘耕源，2018）。此外，该方法是基于能量学原理、系统理论以及系统生态学而建立的，因此在反映自然资源真实价值方面，更具有说服力（张攀，2011；刘耕源，2018）。能值理论被认为是连接生态学与经济学的桥梁，它能够量化支持每个流量或存储的环境贡献量，从禀赋价值的角度来评估每类资源，而不仅仅是基于人类偏好和市场偶然性（刘耕源，2018），从而使定量分析资源真实价值成为可能。能值定价机制以生态劳动价值论为定价的理论基础，将劳动的范围由经济社会系统扩大到自然生态系统，突破以往以传统劳动价值论进行定价的方式，为重新认识、客观测算资源本身的价值提供了新的理论依据（刘耕源和杨志峰，2018）。目前，能值分析法已被应用到价值核算方面。赵晟等（2007）利用能值分析法对红树林生态系统服务的价值进行评估，将能值货币价值作为服务价值，并与当量因子法核算结果进行比较。Sun 等（2018）利用能值分析法评估海洋生态系统生态服务价值。Zhan 等（2019）以崇明岛为例，利用能值分析法评估生态经济系统的生态服务价值。Zhao 和 Wu（2015）则利用能值分析法量化红树林生态系统服务价值。Vassallo 等（2017）采用能值分析法核算海洋保护区的生态资产价值。沈丽等（2010）利用能值理论计算修建一条高速公路的能值货币成本，该研究指出，虽然基于生态劳动价值论的能值定价方法在对资源性产品定价时存在技术难题，但在核算资源性产品的真正价值、促进资源合理利用等方面具有重要意义。

能值定价机制以生态劳动价值论作为定价理论基础，改变了人们对于传统劳动价值理论的认识，将价值理论由经济社会系统拓展到自然生态系统，为实现自然界劳动所创造价值和人类劳动所创造价值的统一提供度量技术（梁亚民和韩君，2015）。此外，能值货币价值还被广泛地应用到绿色 GDP 的核算中。例如，陈超（2007）采用能值分析法核算大连市绿色 GDP，并量化绿色 GDP 占传统 GDP 的比重。郑栋升等（2018）采用能值分析法和生态系统服务价值当量因子法分别核算资源环境损害价值和生态服务价值，进而从 GDP 中扣除资源环境损害价值再加上生态服务价值用以核算生态 GDP。张丽君等（2013）基于能值分析与物质流分析方法，用能值货币价值对资源损耗、环境退化及生态系统服务价值进行定价，在基于传统 GDP 的基础上核算绿色 GDP。He 等（2016）量化江苏省生态经济系统消耗的不可更新资源能值货币价值及污染物消解的能值货币价值，并通过在传统 GDP 中扣除上述价值的方式核算江苏省绿色 GDP。

综上所述，能值分析法已经发展得较为成熟，具有了相当丰富的研究成果。能值分析法被成功地应用到价值核算方面，能值货币价值在科学研究中得到广泛应用，并直接与传统货币价值进行数学分析。这些研究成果为本书的展开奠定了坚实的理论基础。Odum 等学者经过长期的努力已经积累了大量的 UEV 数据，但是一种产品的 UEV 与其生产工艺有关，受生产效率、区域能源结构等因素的影响。因此，如何确保分析过程中所选用能值转换率的科学性和准确性是能值研究领域的关键问题。目前，尚没有规范能值核算的国际标准，因此，本书依据生命周期评价法对数据质量的要求进行能值分析表构建，以期提高研究结果的可靠性。

第四节　生态系统服务

一　基本概念

生态系统在为人类提供食品、医药等生活、生产必需的原材料的同时，为人类生存和发展提供了维持赖以生存的生态环境、维持生物物种与遗传的多样性、净化环境、维持大气化学的平衡与稳定等服务功能（Costanza et al. ，1997）。目前，关于生态系统服务的定义有多种描述，被普遍认可的有以下几种。Daily（1997）将生态系统服务功能定义为自然生态系统及其组成物种所形成用以支撑和维持人类生存的条件和过程。Costanza 等（1997）将生态系统的产品和功能统称为生态系统服务，并将生态系统服务分为 17 个类别。联合国《千年生态系统评估报告》将生态系统服务定义为人类从生态系统获取的效益（Millennium Ecosystem Assessment，2005）。虽然不同学者或机构对生态系统服务的定义有不同描述，但主旨思想一致，即生态系统服务是自然生态系统给予人类的福利。

谢高地等（2003）提出了中国陆地生态系统服务功能类型框架，该框架中包括四个一级生态系统服务类型，如图2-3所示。

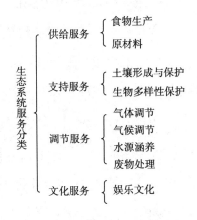

图2-3　生态系统服务分类

二　研究进展

对于生态系统服务价值的研究可以追溯到20世纪60年代中期（李丽等，2018）。King和Hellewell分别在其著作《野生生物与人》和《野生生物资源评估》中提到"野生生物的服务"

（倪维秋，2017）。Daily 关于自然服务专著的发表和 Costanza 等在 *Nature* 上关于全球生态系统服务核算文章的发表，引起国内外学者及决策者对生态系统服务及生态资产的关注。Costanza 等（1997）对生态系统服务功能进行分类，并核算全球生态系统服务价值，促进了生态系统服务价值理论的成熟与发展。联合国于 2001 年启动千年生态系统评估项目，并于 2005 年发布《千年生态系统评估报告》，进一步推动了生态系统服务价值相关研究的开展（Costanza et al.，2017）。联合国环境规划署主导下的生物多样性和生态系统服务政府间科学政策平台于 2009 年启动，并于 2012 年正式被联合国批准（Costanza et al.，2017）。该平台的建立又一次将生态系统服务的研究推向了新的高度（倪维秋，2017）。此外，欧洲环保署、美国环境保护署等机构也开展了一系列生态系统评估工作（Czúcz et al.，2018）。这些科学计划和政府决策都极大地推动了生态系统服务研究的开展，相关的科研产出不断增加。

在学术界，国内外学者分别从不同研究尺度、不同研究对象以及不同生态系统服务功能展开生态系统服务价值核算研究。Christie 等（2015）采用选择实验法评估海洋生态系统服务价值。Kindu 等

（2016）基于生态系统服务价值当量因子法评估土地利用变化对埃塞俄比亚高原生态系统服务价值的影响。Sharma 等（2015）采用市场价值法与价值转移法评估湿地生态系统的供给服务、供水、洪水调节、碳封存以及生态旅游价值。Brainard 等（2009）核算林地碳封存的经济社会价值。Ninan 和 Inoue（2013）对森林生态系统水源涵养、土壤保持、固碳、养分循环、水质净化、污染物净化以及娱乐的价值进行评估。Jim 和 Chen（2008）评价城市森林对空气质量调节的生态系统服务价值。

在研究尺度上，目前国内外的研究尺度主要为国家尺度、流域尺度、省域尺度以及城市尺度等。Costanza 等对全球生态系统服务价值进行了评估，引起国内外学者、决策者以及公众对生态系统服务的极大关注（Jiang，2017）。谢高地等（2015）运用模型运算和地理信息空间分析等方法，构建了中国陆地生态系统服务价值动态评估方法。Xie 等（2017）采用生态系统服务价值当量因子法对中国生态系统的供给价值与调节价值进行评估。潘竟虎（2014）采用生态系统服务价值当量因子法对甘肃省生态系统服务价值进行评估。幸绣程等（2017）基于生态系统服务价值当量因子法对西部天保工程区六省份的生态系统服务价值进行核算。Zhang 等

（2017）将价值当量因子与总经济价值结合，对中国东北部三江平原的生态系统服务价值进行核算。Frélichová 等（2014）基于地理信息系统建立了空间数据库，核算捷克全国范围农林、草地、森林、水域、湿地以及城市生态系统的 17 项生态系统服务价值。

上述研究表明，对不同研究尺度、不同研究对象展开生态系统服务价值评估时选用的评估方法不一致，目前学术界也没有统一的生态系统服务价值评估方法。生态系统服务价值当量因子法是在区分不同类型生态系统服务的基础上，依据构建好的各类生态系统服务功能的价值当量，再结合生态系统的分布面积进行评估的方法。该方法直观易用且对数据需求少，在区域和全球尺度的生态系统服务价值评估中有着广泛应用。因此，本书以谢高地等学者提出的中国陆地生态系统服务价值当量因子为基础，依据区域生态环境与经济现状对其进行修正，进而开展矿产资源生态系统服务价值损失核算研究。

第五节　生命周期评价法

一　基本概念

生命周期评价是对一个产品或系统的输入、输

出及其造成潜在环境影响的汇总与评价（ISO
14040，2006）。作为一种有效的环境管理工具，
生命周期评价法被广泛地应用到环境评价中（陈
伟，2015）。根据国际标准组织颁布的 ISO 14040
系列，生命周期评价实施步骤主要包括四个相互联
系的部分，分别是目标和范围的确定、清单分析、
影响评价及评价结果的解释（ISO 14040，2006），
生命周期评价框架如图 2-4 所示。

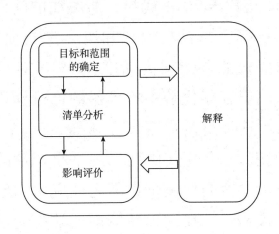

图 2-4　生命周期评价框架

其中，目标和范围的确定是指根据研究意图以
及开展该研究的原因等因素确定评价目的，并按照
评价目的界定研究范围（ISO 14040，2006）；清单
分析则是对所研究系统的整个生命周期过程中数据
的收集与计算，并以此量化评价系统的输入与输出

（ISO 14040，2006）；影响评价是量化所研究系统整个生命周期的潜在环境影响（ISO 14040，2006）；结果解释则是依据规定的评价目标和范围，对清单分析以及影响评价的结果进行解释，从中得出结论并提出建议（ISO 14040，2006）。上述四个步骤相辅相成，缺一不可。

二　研究进展

国际上关于生命周期评价的研究最早可追溯到20世纪60年代末70年代初，所关注的问题主要集中于能源效率、原材料消耗和废弃物处理等领域。美国中西部资源环境研究所在1969年对可口可乐公司利用玻璃容器代替塑料容器的可行性研究，揭开了生命周期评价的序幕（王玉涛，2016）。20世纪70年代末到80年代中期出现了全球性的固体废弃物问题，生命周期评价也随之被应用到废弃物处理、处置研究中。在国际环境毒理学与化学学会和国际标准化组织的推动下，生命周期评价在国际范围内得到迅速发展（王长波等，2015）。生命周期评价能够通过辨识和量化产品或服务整个生命周期阶段中能量和物质的消耗以及环境释放，评价这些消耗和释放对环境造成的潜在影响、识别减少环境负荷的关键机会，进而探求改善环境绩效的方法。目前，生命周期评价在美国、日本、欧洲等发达国家或地区已得到较为普遍的应用，成为环境认证、产品开发以及规避贸易壁垒等方面的重要途径（王玉涛，2016）。

我国关于生命周期评价的研究大致始于 20 世纪 90 年代，与欧美等发达国家相比，起步较晚。杨建新等（2001）统计了我国能源生产及利用方面的生命周期清单数据。此外，杨建新（2002）还对我国生命周期环境影响评价阶段的标准化与加权进行了讨论。经过多年的努力，2012 年中国科学院生态环境研究中心开发了中国生命周期评价数据库。北京工业大学相关团队在材料生命周期评价方面做出卓越贡献，汇编了我国钢铁、铝、建筑材料以及高分子材料等典型材料的 70 多个数据集，开发了清单数据库（聂祚仁等，2009；龚先政等，2011）。王洪涛等对中国生命周期清单数据库的构建做出了积极贡献，并开发了用于生命周期评价的 eBalance 软件（刘夏璐等，2010）。洪静兰等开发了基于企业生产过程的中国生命周期清单基础数据库（CPLCID）。作为环境影响评价最科学的方法之一，生命周期评价在我国被成功应用到诸多行业中，如运输（Chen et al.，2015）、光伏（Chen et al.，2016）、金属冶炼（Chen et al.，2018；亓聪聪，2018）、固体废弃物处置（Hong et al.，2010；

Chen et al.，2017）、能源生产（Cui et al.，2012）、化工产品制造（Hong et al.，2014；Chen et al.，2018）等。

综上所述，生命周期评价法已经具有系统的理论体系。标准的制定、软件的开发、数据库的完善都极大地促进了生命周期评价的发展，该方法目前已被广泛应用于环境影响评价。对生命周期评价相关研究进行梳理，结果表明鲜有研究将生命周期评价法用于生态系统服务价值核算。本书率先利用生命周期评价法进行资源性产品全生命周期生态环境价值损失分析。在矿产资源开发生命周期评价的基础上，量化矿产资源环境影响经济损失与生态系统服务价值损失，为政策制定者提供系统全面的理论框架。此外，目前尚没有基于中国国情的黄金生产生命周期评价研究。因此，本书的开展可以填补国内在黄金冶炼方面生命周期清单的空白，为后续研究提供数据支撑。

第六节　本章小结

本章梳理了矿产资源价值、矿产生态补偿、能值分析法、生态系统服务以及生命周期评价法相关的概念与研究进展。主要有以下结论：

对矿产资源价值核算以及矿产资源生态补偿相关研究的梳理结果表明，目前学术界没有统一的矿产资源价值核算方法以及生态补偿标准确立依据。在矿产资源价值核算方面，因为货币价值分析多是从经济视角出发，不能有效反映资源形成过程中生态环境的贡献；能值定价法从生态学的视角对矿产资源价值进行核算，可将资源开采过程中生态环境贡献内部化，进而揭示矿产资源真实价值。在矿产资源生态补偿方面，大多学者从生态环境的角度出发确立生态补偿标准，忽略了矿产资源开发是矿产资源自身消耗的过程。

此外，对本书用到的能值分析法、生态系统服务价值当量因子法以及生命周期评价法的梳理结果表明：①能值分析法已被成功应用到价值核算方面。UEV 的适用性是能值核算需要考虑的问题，因此，本书参照生命周期评价对数据质量的要求进行能值分析表的构建，以期提高研究结果的可靠性。②生态系统服务价值当量因子法具有数据需求少且直观便捷的特点，被广泛应用于区域和全球尺度的生态系统服务价值评估。本书基于区域生态系统特征评估矿产资源生态系统服务价值损失。③生命周期评价法作为环境管理的有效手段已经被广泛应用于矿业环境影响评价，但鲜有研究将生命周期评价法与生态系统服务价值核算相联系。本书创新性地利用生命周期评价法量化矿产资源全生命周期环境影响经济损失与生态系统服务价值损失，为政策制定者提供系统全面的生态环境价值损失核算框架。

第三章

矿产资源全生命周期能值评估

　　矿产资源是经过亿万年地质作用形成的不可再生资源，其价值应该包括资源形成过程中自然环境的贡献。另外，矿产资源的开采加工不仅有矿产资源本身的投入，还需要依靠外界经济系统的输入，如开采过程所需的能源消耗、精炼过程所需要的化学制剂投入等。因此，矿产品的价值构成中应包括资源使用成本和生产投入成本。鉴于此，本章从生态环境贡献的角度采用能值分析法对矿产资源使用成本及生产成本进行量化。

第一节　矿产资源存在价值

一　矿产资源形成

矿物是地质作用的产物。根据物质和能量来源的不同，地质作用可分为内生作用（岩浆作用、伟晶作用、热液作用、火山作用）、外生作用（风化作用、沉积作用）以及变质作用（接触变质、区域变质）（吕吉贤，2015）。矿产资源形成过程受到成矿条件影响，是在不可复制的地质运动和成矿条件下形成的，其形成具有空间和时间的特殊性（师红聪，2013）。图 3-1 为地理生物圈能值流示意图，显示了矿产资源是地球生物圈长期作用形成的产物。鉴于矿产资源形成的特殊性，矿产资源价值构成中需要考虑自然系统的贡献。

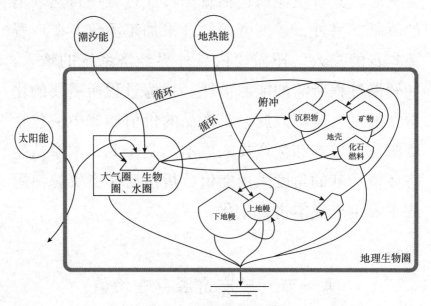

图 3-1　地理生物圈能值流

资料来源：刘耕源和杨志峰（2018）。

二　矿产资源存在价值核算

矿产资源存在价值是资源在形成过程中自然环

境所做出的贡献，是资源的内在属性。矿产资源是元素在地质作用下富集形成，因此不同品位的矿石，生态系统对其贡献不同。能值理论中，可通过资源富集比体现生态系统对不同品位矿石的贡献量（Cohen et al.，2007；Martínez et al.，2007），如式（3-1）所示：

$$UEV_i = UEV_{ave} \times ER_i = UEV_{ave} \times (OG_i \div CC_i) \quad (3-1)$$

$$Em_i ¥ = UEV_i \div EMR \quad (3-2)$$

式（3-2）中，UEV_i 代表单位质量矿产资源 i 的能值价值，sej/g；UEV_{ave} 代表地壳中矿产资源的平均单位能值价值，由全球能值流及地壳平均流量决定（刘耕源和杨志峰，2018），sej/g；ER_i 代表当前技术水平下矿产资源 i 的富集比；OG_i 是在当今经济技术水平下的矿产资源 i 的可开采品位，克/吨；CC_i 是矿产资源 i 在地壳中的平均浓度，克/吨；$Em_i ¥$ 代表单位质量矿产资源 i 的能值货币价值，元/克；EMR 代表能值货币比率，是能值量与货币量转换的桥梁，sej/元。

第二节 矿产资源全生命周期能值评估

运用能值概念和理论，可以对各种资源进行评估，预测环境资源对经济的贡献及影响，评价环境和经济发展前景，从而为促进生态经济系统可持续发展提供科学依据（蓝盛芳和钦佩，2001；蓝盛芳等，2002）。研究利用能值分析法对矿产资源开发利用全生命周期能值投入进行量化，使生态环境贡献内部化。图 3-2 是矿产资源开发能值核算示意图。

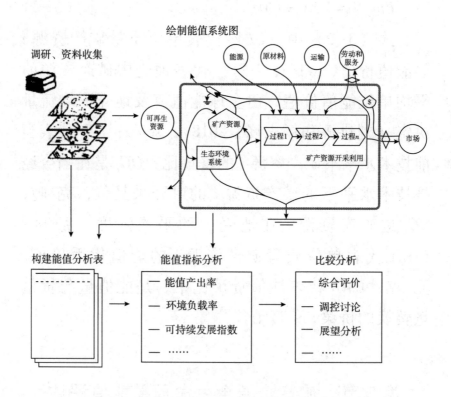

图3-2　矿产资源开发能值核算

根据 Odum（1996）创立的能值分析理论，开展矿产资源开采加工全生命周期能值核算首先是数据收集，即通过调研、文献收集、政府文件等收集相关数据；其次是绘制矿产资源开采加工系统的能值系统图，并识别矿产资源开采加工相关的主要物质流、能量流以及货币流；再次是对识别的相关流进行归类分析，编制能值分析表，并进行能值核算；最后是进行基于能值的指标分析，并根据分析结果提出促进可持续发展的对策建议。

能值理论通过 UEV 将不同类型的流量（物质流、能量流以及货币流等）转换成同一量化单位，从而对它们进行定量分析，其基本计算单元为与所研究系统相关的流量与该流量对应 UEV 的乘积，基本公式如下所示。

$$U_{i,total} = \sum_{j=1}^{j=n} UEV_{i,j} \times f_{i,j} \quad j=1, \ 2, \ \cdots, \ n \quad (3-3)$$

$$Em_{i,total} \ ¥ = U_{i,total} \div EMR \qquad\qquad (3-4)$$

式中，$U_{i,total}$ 代表单位质量矿产资源 i 开采过程能值投入总量，sej/g；$f_{i,j}$ 代表矿产资源 i 开采投入 j（物质流、能量流等）的量，克或焦或元；$UEV_{i,j}$ 代表每单位 j 的能值量，sej/g 或 sej/J 或 sej/元；$Em_{i,total}$ ¥ 代表单位质量矿产资源 i 开采全生命周期能值货币价值，元/克；EMR 代表区域能值货币比率，sej/元。

第三节 案例分析

一 案例区介绍

研究案例区位于 HX。HX 是国家重要生态安全屏障，对全国生态安全具有重要作用。然而，HX 生态环境脆弱，一旦遭到破坏，很难恢复原貌。矿业是 HX 经济的支柱产业（杨荣金等，2017），而矿产开采造成严重的生态环境破坏。金矿资源矿产品位较铁矿、锌矿资源的品位低，对生态环境的破坏尤为严重。目前尚没有基于 HX 矿产资源生态补偿的研究，因此，在该地区开展基于价值核算的生态补偿研究具有极其重要的意义。DCD 矿业有限公司是一家集采矿、选矿以及冶炼于一体的大型联合企业，主要产品为合质金。DCD 矿业有限公司合质金制备工艺以碳氰法工艺处理氧化矿，并通过浮选/焙烧流程进行原生矿的处理，国内的黄金冶炼普遍采用该方法（陈芳芳等，2011）。2013 年 DCD 矿业有限公司处理矿石量 106.41 万吨，产金 3.16 吨，占 HX 当年规模以上企业产金总量的 45.28%。2014 年 DCD 矿业有限公司工业总产值 6.91 亿元，占 HX 当年全部工业企业总产值（750.37 亿元）的 0.92%（海西州统计局，2015）。表 3-1 为 DCD 矿业有限公司 2011—2015 年生产情况汇总。

表 3-1　　　　　DCD 矿业合质金生产情况汇总

年份	处理矿量（吨）	产金量（千克）	回收率（%）
2011	961898	3575.96	75.9
2012	1056774	3440.43	82.42
2013	1064058	3155.48	88.78
2014	1055582	3347.19	—
2015	1028821	3045.71	—

注：—表示数据缺失。

根据 DCD 矿业有限公司提供的评估报告，矿区地处 CDM 北侧，冶炼生产厂区海拔高度 3200—3600 米。山体陡峭地形破碎，为荒漠山地景观，呈现干旱砾漠景观。矿区距离最近的城镇有 80 千米，人烟稀少、戈壁荒山，区域内植被和野生动物稀少。矿区地下水类型主要为基岩裂隙水和砂卵砾石层孔隙潜水，基岩裂隙水分布于案例区的低山区。由于气候干燥（年降水量不足 100 毫米），补给贫乏，泉水出露少，泉水流量小（一般在 0.02—0.08 升/秒），且其分布明显受构造的控制。另外，由于受荒漠化作用的影响，地下水矿化度较高，一般在 5 克/升以上，水量贫乏且水质差，基本不具备利用价值。

该矿区深居内陆远离海洋，属典型的高原大陆性气候。其主要气候特征为：气温垂直变化明显、阳光辐射强、日照时间长、昼夜温差悬殊、气候干燥、降水稀少、蒸发强烈。多年平均降水量80.8毫米，相对湿度34%，多年平均蒸发量2265.2毫米；多年平均气温1.6℃；常年主导风向为西风和西北风，平均风速2.4米/秒，最大风速19米/秒。HX平均海拔3000米，生态环境脆弱（青海省地方志编纂委员会，2017；青海省统计局，2015）。研究案例区地处荒漠，自然条件恶劣，生态环境脆弱，人烟稀少，经济发展相对落后，社会环境单一，生产区周围40千米范围内除一家煤矿企业外无其他工业。

二 数据收集与处理

1. 数据收集

（1）实地调研。多次赴QH实地调研收集相关数据，重点前往DCD矿业有限公司开展关于金矿资源禀赋、合质金生产相关投入与产出数据的收集。

（2）公共数据。包括公开发表的文献、《中国能源统计年鉴》、《中国黄金年鉴》、能值数据库（NEAD V2.0）等来源。

（3）企业数据。包括《DCD 矿业有限公司清洁生产报告（实施稿）》《DCD 矿业有限公司清洁生产审核验收报告》《DCD 矿业有限公司环境影响评价报告》等多篇企业报告。

2. 数据处理

（1）年度均值。矿产开采过程中，矿石的品位不是一成不变的，因此本书选用年度均值进行核算，尽可能地避免单个样本带来的误差。

（2）能值基准。随着能值分析法的不断完善以及相关技术的进步，能值学者对全球能值流进行了多次修正（详细信息见综述部分）。选取通用的全球能值流进行核算不仅可以提高研究的可靠性，还能为相关领域研究者提供参考。因此，本书选择能值领域著名学者 Brown 等（2016）倡议选用的数值，即 12.0E+24 seJ/a。其他不同基准下的 UEV 均通过系数进行转化，转变成该基准下的 UEV。如对能值基准为 15.20E+24 seJ/a 条件下计算的 UEV 进行换算，则将 UEV 乘以系数 0.79（12.0÷15.20）换算成 12.0E+24 seJ/a 基准下相应的 UEV。

（3）UEV 选择。地壳中黄金资源 UEV 与金精矿中黄金资源 UEV 为本书计算结果，其中后者根据选矿过程投入资源的能值进行核算。目前还没有规范能值核算的国际标准，因此在 UEV 选择时研究尽可能选用 Brown、Ulgiati 以及 Campell 等能值领域著名学者及其团队的成果。由于能值基础数据库的不完善，对于氰化钠等化学物质的 UEV 采用无机化学物质 UEV 进行替代。研究采用经国际同行评议的 UEV 及能值数据库（NEAD V2.0）中 UEV，选用数据可信度高。

（4）其他文献。地壳平均流量参照 Martínez 等的研究成果；全球黄金平均浓度数据来自 Frimmel 的研究成果。在文献数据选择时，最大限度地采用经过国际评审的数据，以增加研究结果的可信度与可参考性。

（5）能值分析表。研究根据生命周期清单构建的标准对能值分析表进行构建，以提高研究结果的可靠性。

三 黄金存在价值

依据前文所述式（3-1）和式（3-2），生态系统对地壳中单位质量黄金资源形成的贡献可由式（3-5）和式（3-6）获取。

$$UEV_{gold,c} = UEV_{ave} \times ER_{gold,c} = UEV_{ave} \times (OG_{gold} \div CC_{gold}) \tag{3-5}$$

$$Em_{gold}¥ = UEV_{gold,c} \div EMR \tag{3-6}$$

式中，$UEV_{gold,c}$ 代表金矿品位为 c 时地壳中黄

金资源对应的 UEV，sej/g；UEV_{ave} 代表地壳中矿产资源的平均 UEV，由全球能值流及地壳平均流量决定，sej/g；$ER_{gold,c}$ 代表金矿开采品位为 c 时的富集比；OG_{gold} 代表金矿的开采品位，克/吨；CC_{gold} 代表金矿在地壳中的平均浓度，克/吨；Em_{gold}¥ 代表单位质量黄金资源的能值货币价值，元/克；EMR 代表能值货币比率，sej/元。表 3-2 为计算所需数据清单。

表 3-2　　　　　　　　　地壳中黄金资源价值核算数据基础

类别	数值	单位或说明	数据来源
开采品位	3.34	克/吨	企业年度数据
平均浓度	1.5	毫克/吨	Frimmel（2008）
全球能值流	12.00E+24	seJ/a	Brown 等（2016）
地壳平均流量	9.36E+15	克/a	Martínez 等（2007）
能值货币比率	2.87E+11	sej/元	NEAD（2019）
金矿富集比率	2.23E+03	开采品位/平均浓度	本书
UEV_{ave}	1.28E+09	全球能值流/地壳平均流量，sej/g	本书

通过上述分析可知，基于当地资源禀赋（开采品位 3.34 克/吨）条件，地壳中每克黄金的能值价值与能值货币价值分别为 2.85E + 12 sej 和 9.93 元。

地壳中黄金资源 UEV 受地壳中黄金资源平均浓度以及区域黄金资源禀赋的影响，而上述影响因素不是一成不变的。Frimmel（2008）在对前人的研究进行总结的基础上指出金矿的品位受地域影响较大。Jiang 等（2017）在研究中指出，紫金山金铜矿黄金的平均品位为 0.58 克/吨。Zhang 等（2018）在研究中指出，中国新疆阿希金矿中黄金资源平均品位为 5.6 克/吨。此外，对矿产资源在地壳中丰富度的认知与现行的勘测技术有很大关联。随着勘测技术的进步，地壳中黄金的平均浓度也会随之变化。同时，随着矿产资源的不断开采，矿产品位也有所下降。我国的高品位岩金矿已经基本被开发完，开采对象逐步转向低品位矿石（中国黄金协会，2017），2017 年全国黄金生产矿山保有储量地质平均品位已不超过 2.1 克/吨（李亮和王珊珊，2018）。

将本书研究结果与前人研究进行比较，结果见表 3-3。在不同资源禀赋条件下，地壳中黄金资源的 UEV 差异较大，本书的结果（2.85E+12 sej/g）在前人研究结果（3.65E+11—1.40E+13 sej/g）范围内。与前人研究结果的比较分析表明，本书结果具有可靠性。

表 3-3　　　　不同情况下黄金资源的单位能值价值

序号	开采品位（g/t）	平均浓度（mg/t）	能值基准（seJ/a）	UEV（sej/g）	参考文献
1	0.87	4.0	15.83E+24	3.65E+11	Ingwersen（2011）

序号	开采品位（g/t）	平均浓度（mg/t）	能值基准（seJ/a）	UEV（sej/g）	参考文献
2	15	1.8	15.83E+24	1.40E+13	Martínez 等（2007）
3	1.2	4.0	15.83E+24	5.04E+11	Cohen 等（2007）
4	3.34	1.5	12.00E+24	2.85E+12	本书

四　全生命周期能值价值

Odum（1996）将能值定义为产品或劳务形成过程中所需要的直接和间接的有效能。能值分析中通常借助 UEV 将不同类别的流（能量、质量和货币等）转化为太阳能值，以便对所研究系统进行定量分析和比较。依据前文所述［式（3-3）］，合质金生产过程的能值投入可通过式（3-7）计算获取。

$$U_{gold} = \sum_{j=1}^{j=n} UEV_{gold,j} \times f_{gold,j} \quad j=1, 2, \cdots, n$$

$$(3-7)$$

式中，U_{gold} 代表单位质量合质金生产过程能值投入总量，sej/g；$f_{gold,j}$ 代表合质金生产过程投入 j（物质流、能量流等）的量，克或焦或元；$UEV_{gold,j}$ 代表每单位 j 的能值量，sej/g 或 sej/J 或 sej/元。

根据式（3-7），所有与研究系统有关的物质流、能量流以及服务流都可以进行计算。根据 Odum 创立的能值分析理论，合质金生产整个过程的能值核算可分成以下 4 个步骤有序进行。

（1）绘制金矿开发利用系统的能值系统图（从摇篮到大门），如图3-3所示。

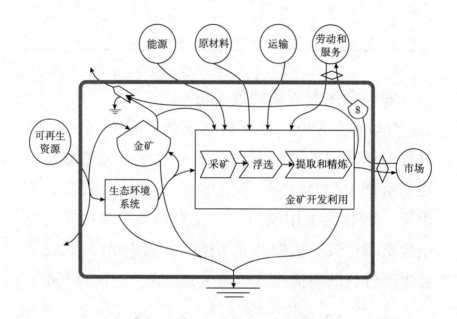

图3-3　合质金生产能值系统

（2）识别合质金生产相关的主要物质流、能量流以及货币流。

（3）对合质金生产相关的主要物质流、能量流以及货币流进行归类，编制能值分析表，进行能值核算。

（4）对核算结果进行分析，提出促进合质金生产可持续发展的对策建议。

研究综合考虑当地可更新资源、不可更新资源以及外部输入资源，结合能值系统图得到了合质金生产的能值分析，见表3-4。

表3-4　　　合质金生产能值分析（功能单位：1克）

	类别	数值	单位	UEV$_{修正}$（sej/unit）	能值（sej）
				可更新资源（R）	
初级					
1	太阳能	6.56E+07	焦	1（Odum，1996）	6.56E+07
2	地球循环能	1.55E+04	焦	4.37E+04（Brown and Bardi，2001）	6.76E+08
次级及其他能流					
3	雨水势能	1.51E+04	焦	3.54E+04（Brown and Bardi，2001）	5.35E+08
4	雨水化学能	3.36E+03	焦	2.31E+04（Brown and Bardi，2001）	7.76E+07
5	风能	3.65E+04	焦	1.90E+03（Brown and Bardi，2001）	6.94E+07
	类别	数值	单位	UEV$_{修正}$（sej/unit）	能值（sej）
				当地不可更新自然资源（N）	
6	金矿中黄金	1.13	克	2.85E+12	3.22E+12
				系统外输入（F）	
能源					
7	电力	1.08E+08	焦	1.69E+05（Lou et al.，2015）	1.84E+13
8	煤炭	2.18E+07	焦	7.67E+04（Brown et al.，2011）	1.67E+12
9	汽油	1.26E+06	焦	1.48E+05（Brown et al.，2011）	1.87E+11
10	柴油	5.18E+06	焦	1.43E+05（Brown et al.，2011）	7.41E+11
原材料					
11	石灰石	1.66E+03	克	1.27E+09（Brown and Buranakarn，2003）	2.11E+12
12	钢球	344.09	克	9.80E+09（Brown et al.，2012）	3.37E+12
13	金精矿中黄金资源	9.14E-02	克	3.28E+12	3.00E+11
14	硫精矿	801.78	克	5.79E+09（Rugani et al.，2011）	4.64E+12
15	黄药	74.19	克	6.11E+10（Rugani et al.，2011）	4.53E+12
16	氰化钠	198.95	克	6.11E+10（Rugani et al.，2011）	1.22E+13
17	焦亚硫酸钠	118.02	克	6.11E+10（Rugani et al.，2011）	7.21E+12

	类别	数值	单位	UEV$_{修正}$（sej/unit）	能值（sej）
18	硫酸铜	94.42	克	6.11E+10（Rugani et al.，2011）	5.77E+12
19	硫酸铁	492.95	克	6.11E+10（Rugani et al.，2011）	3.01E+13
20	水	2.26E+05	克	1.26E+06（Brown et al.，2012）	2.84E+11
原材料运输（假设 100 千米）					
21	运输	0.84	t·km	7.61E+11（Brown and Buranakarn，2003）	6.42E+11
劳动 & 服务					
22	劳动	1.27E-04	人	1.94E+16（NEAD，2019）	2.46E+12
	合计		sej		9.78E+13

注：本书中可更新资源能值流＝max｛sum（太阳能、地球循环能）、风能、雨水化学能、雨水势能｝

1. 太阳能。

研究区面积＝1.40E-02 m²/g（企业报告）；太阳辐射＝6.68E+09 J/m²/a（Lu et al.，2010），折射率＝0.30；太阳能＝土地面积×辐射量×（1-折射率）；UEV＝1.00 sej/J（Odum，1996）。

2. 地球循环能。

研究区面积＝1.40E-02 m²/g（企业报告）；热通量＝1.10E+06 J/m²/a（Liu et al.，2011）；地球循环能＝土地面积×热通量；UEV＝34377 sej/J。

3. 雨水势能。

研究区面积＝1.40E-02 m²/g（企业报告）；降水量＝8.08E-02 m/a（企业报告）；平均海拔＝3400 m（企业报告）；水密度＝1.00 t/m³；径流系数＝40%（Gao et al.，2007；Lou and Ulgiati，2013）；雨水势能＝土地面积×年降水量×径流系数×水密度×平均海拔×重力加速度；UEV＝27874 sej/J（Brown and Bardi，2001）。

4. 雨水化学能。

研究区面积＝1.40E-02 m²/g（企业报告）；降水量＝8.08E-02 m/a（企业报告）；水密度＝1.00 t/m³；蒸散系数＝60%（Gao et al.，2007；Lou and Ulgiati，2013）；水的吉布斯自由能＝4.94E+03 J/kg；雨水化学能＝土地面积×年降水量×蒸散系数×水密度×吉布斯自由能；UEV＝18199 sej/J（Brown and Bardi，2001）。

5. 风能。

研究区面积＝1.40E-02 m²/g（企业报告）；空气密度＝1.29 kg/m³（Cutnell and Johnson，1995）；风速＝2.40 m/s（企业报告）；阻力系数＝1.00E-03（Lou and Ulgiati，2013）；地面风速为地转风的 0.6 倍；风能＝土地面积×空气密度×阻力系数×（地转风）³×平均海拔×重力加速度；UEV＝1496 sej/J（Brown and Bardi，2001）。

6. 电力。

单位产品电力消耗＝30.10 kWh/g（企业运行数据）；单位产品消耗电力能量流＝（30.10 kWh/g）×（3.60E+06 J/kWh）＝1.08E+08 J/g；UEV＝2.23E+05 sej/J（Lou et al.，2015）。

7. 煤炭。

单位产品煤炭消耗量＝1.04 kg/g（企业运行数据）；煤炭平均低位发热量＝2.09E+07

J/kg（国家统计局能源统计司，2017）；煤炭能量＝煤炭消耗量×煤炭平均低位发热量＝（1.04 kg/g）×（2.09E+07 J/kg）＝2.18E+07 J/g；UEV＝9.71E+04 sej/J（Brown et al.，2011）。

8. 汽油。

单位产品汽油消耗量＝33.58 g/g（企业运行数据）；汽油平均低位发热量＝3.77E+07 J/kg（国家统计局能源统计司，2017）；汽油能量＝汽油消耗量×汽油平均低位发热值＝（33.58 g/g）×（3.77E+07 J/kg）＝1.26E+06 J/g；UEV＝1.87E+05 sej/J（Brown et al.，2011）。

9. 柴油。

单位产品柴油消耗量＝161.66 g/g（企业运行数据）；柴油平均低位发热量＝3.21E+07 J/kg（国家统计局能源统计司，2017）；柴油能量＝柴油消耗量×柴油平均低位发热值＝（161.66 g/g）×（3.21E+07 J/kg）＝5.18E+06 J/g；UEV＝1.81E+05 sej/J（Brown et al.，2011）。

10. 其他投入 UEV。

地壳中黄金资源 UEV 与金精矿中黄金资源 UEV 为本书计算结果；$UEV_{石灰石}$＝1.00E+09 sej/g（Brown and Buranakarn，2003）；$UEV_{钢铁}$＝1.24E+10 sej/g（Brown and Buranakarn，2003）；$UEV_{水}$＝1.59E+06 sej/g（Brown, et al.，2012）；$UEV_{运输}$＝9.65E+11 sej/（t·mile）（Brown and Buranakarn，2003）；$UEV_{化学制剂}$＝4.70E+10 sej/g（Rugani et al.，2011）；对于硫精矿、黄药、氰化钠、焦亚硫酸钠、硫酸铜以及硫酸铁，因为目前没有上述物质的 UEV，研究中选用无机化学试剂的 UEV 代替，$UEV_{无机物}$＝4.70E+10 sej/g（Rugani et al.，2011）。

资料来源：实地调研、《中国黄金年鉴》、文献、NEAD 数据库。

合质金全生命周期能值分析结果表明（见表3-4），生产1克合质金所需的全部能值投入是9.78E+13 sej，其中投入的黄金资源能值总量为3.52E+12 sej（开采黄金资源与金精矿中黄金资源之和），投入的其他资源能值总量为9.43E+13 sej。此外，由表3-4不难看出，黄金冶炼过程中化学制剂的使用是造成合质金生产全生命周期能值投入的主要原因。

能值货币价值可通过能值量与能值货币比率的比值得到，公式如下所示。

$$Em_{gold}\text{¥} = U_{gold} \div EMR \tag{3-8}$$

式中，Em_{gold}¥ 代表单位质量合质金能值货币价值，元/克；U_{gold} 代表单位质量合质金产品全生命周期投入的能值总量，sej/g；EMR 代表能值货币比率，取值 2.87E+11 sej/元（NEAD，2019）。

综上分析可知，每克合质金生产全生命周期能值投入总量为 9.78E+13 sej（见表 3-4），相应的能值货币价值为 340.70 元；其中黄金资源能值货币价值为 12.27 元，投入的其他资源能值货币价值为 328.43 元。

此外，本章还对合质金生产系统开展了基于能值指标的评估（指标解释见表 3-5）。能值指标评价结果表明，DCD 矿业有限公司合质金生产能值产出率（1.01）不高，环境负载率（大于 100）较大，基于能值的可持续发展指数偏低（小于 0.01）。上述分析表明，合质金生产过程对当地生态环境造成巨大压力，且可持续水平极低。作为依靠不可更新资源发展的矿山企业来说，不可更新资源的大量消耗是不可避免的，必须通过提高资源利用效率以促进矿业的可持续发展。黄金开发高度依赖不可更新资源，给当地生态环境带来巨大压力。因此，非常有必要进行生态补偿，促进黄金资源的可持续开发利用。

表 3-5 　　　　　　　　　　　　能值指标

指标	表达式	说明
能值产出率（Emergy Yield Ratio, EYR）	系统产出能值与经济反馈输入的能值之比，EYR = (R+N+F) /F	衡量所研究系统的生产效率
环境负载率（Environmental Loading Ratio, ELR）	投入系统的不可更新资源能值总量与可更新资源能值量之比，ELR = (N+F) /R	反映所研究系统的环境压力
能值可持续发展指数（Emergy Sustainability Index, ESI）	研究系统的能值产出率与环境负载率之比，ESI = EYR/ELR	衡量所研究系统的可持续发展水平；能值可持续发展指数大于 10 是经济欠发达的表征，在 1—10 表明经济系统富有活力和发展力

　　注：R 代表当地可更新资源，N 代表当地不可更新资源，F 代表系统外输入资源。

第四节　　本章小结

　　矿产资源是自然生态系统经过亿万年的长期作用形成的，因此，矿产资源价值体系中应该反映自然生态系统的贡献。鉴于此，本书从生态学的角度出发，利用能值定价法揭示矿产资源形成过程生态系统的贡献。本章基于资源禀赋条件，对矿产资源存在价值进行核算，并以 DCD 矿业为例进行实证分析。结果表明，基于当地黄金资源禀赋（3.34克/吨）条件，地壳中黄金资源的能值价值为 2.85E+12 sej/g，相应的能值货币价值为 9.93 元/克（高于税收，具体见政策建议部分）。本书核算的地壳中黄金资源 UEV（2.85E+12 sej/g）在前人研究结果范围（3.65E+11—1.40E+13 sej/g）内，研究结果可信度高。

矿产资源的价值构成中除涵盖资源本身价值外，还应包括整个生产过程中购入的材料、能源和劳动等生产投入产生的经济成本。实际生产过程中除了原矿的投入外，往往还有精矿的投入。因此，研究对矿产资源全生命周期投入资源能值量进行核算，从产品生产活动资源投入的角度揭示矿产资源真实价值。以 DCD 合质金生产为例进行实证分析，结果表明，每克合质金生产全生命周期能值投入为 9.78E+13 sej，相应的能值货币价值为 340.70 元。其中，黄金资源能值货币价值为 12.27 元，投入的其他资源能值货币价值为 328.43 元。研究量化了合质金的 UEV，可为相关研究奠定数据基础。

此外，研究采用基于能值的指标对黄金开采加工系统进行了分析。结果表明，黄金生产系统可持续水平极低，且对当地生态环境造成巨大压力。因此非常有必要加快矿产资源生态补偿机制构建，以促进区域经济社会可持续发展以及矿产资源的后续开发。

第四章

矿产资源生态环境
价值损失评估

　　矿产资源的开采会对生态环境造成破坏，因此矿产资源的价值构成中应该包括外部成本，即矿产资源开发过程造成的生态环境价值损失。矿产资源开采在造成环境污染的同时，也会造成生态系统功能的破坏。因此，本书中矿产资源生态环境价值损失包括环境影响经济损失与生态系统服务价值损失。目前，矿产资源生态环境价值损失的研究多集中于矿产资源开采直接造成的损失，没有考虑对辅料生产地产生的生态环境损失。因此，本书从生命周期的视角，创新性地对矿产资源开发全生命周期生态环境价值损失进行量化，以期为资源性产品外部成本核算提供参考，促进资源性产品价格体制改革。如图4-1所示，本书采用生命周期评价法评估矿产资源开发全生命周期对人类健康、气候变化以及土地利用造成的影响，继而结合生态系统服务价值当量因子法等方式评估矿产资源开发全生命周期环境影响经济损失以及生态系统服务价值损失。

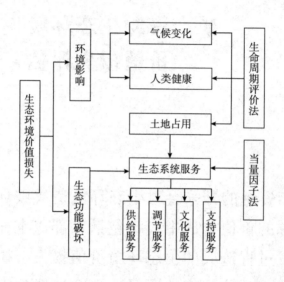

图 4-1　矿产资源开发全生命周期生态环境价值损失核算

第一节　生态环境价值损失

一　环境影响经济损失

矿产资源开发过程存在资源消耗与污染物排放，造成直接和间接的环境影响。生命周期评价能够通过辨识和量化产品或服务整个生命周期阶段中能量和物质的消耗以及环境释放，评价这些消耗和释放对环境造成的潜在影响。研究采用生命周期评价法对矿产资源开发全生命周期环境影响进行量化，在此基础上进行矿产资源全生命周期环境影响经济损失的量化评估。环境影响经济损失评估如图4-2所示。

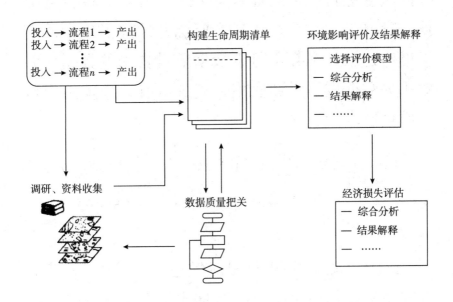

图 4-2　环境影响经济损失评估

根据 ISO 14040 给出的生命周期评价框架（见图 2-4），进行生命周期评价需要确定研究的功能单位和系统边界（ISO 14040，2006）。本书的目的是在矿产资源价值核算基础上探究矿产资源生态补偿机制，因此选取单位质量矿产作为功能单位，系统边界为"从摇篮到大门"，即不包括资源的使用及最终处置阶段。另外是生命周期清单的构建，该过程是基于确定的功能单位与系统边界的基础上对与研究系统相关的所有资源（物料、能源等）投入与污染物排放进行汇编，是生命周期评价中极为关键的一步。清单构建过程中利用泰勒展开式[①]对数据质量进行把关，如式（4-1）所示。将符合数据质量要求的数据用于矿产资源开采加工生命周期清单构建中，舍弃不符合数据质量要求的数据，并对相关数据进行重新收集，直到所有数据均符合数据质量要求为止。

$$(\ln GSD_O^2)^2 = \sum_{i=1}^{i=n} S_i^2 (\ln GSD_i^2)^2 = S_1^2 (\ln GSD_1^2)^2 + S_2^2$$
$$(\ln GSD_2^2)^2 + \cdots + S_n^2 (\ln GSD_n^2)^2$$

$$(4-1)$$

式中，S_i 为模型的相对敏感性；GSD_i^2 为各参数的相应数据质量指标，数据质量指示器见附录。

在生命周期清单构建的基础上，选择合适的生命周期评价方法，对矿产资源开发全生命周期环境影响进行量化。本书中选用 ReCiPe 法进行矿产资源开发环境影响的量化评估。ReCiPe 法以 Eco-indicator 99 和 CLM 方法为基础，涵盖 18 种中间点影

---

① Hong J. et al., "Analytical Uncertainty Propagation in Life Cycle Inventory and Impact Assessment: Application to an Automobile Front Panel", *The International Journal of Life Cycle Assessment*, Vol. 15, No. 5, 2010.

响类别和 3 种终点环境影响类别（Goedkoop，2009）。该方法能够提供较为全面的评价结果，是目前生命周期评价中最常用的方法之一（ReCiPe模型介绍见附录）。生命周期评价中存在不确定性，本书利用 SimaPro 软件开展生命周期评价分析，并采用蒙特卡洛模型对清单数据运行 1000 次进行不确定性分析，选用平均值作为最终的环境影响值，对生命周期评价结果进行解释并提出相应建议。

环境影响经济损失核算中涉及的主要方法有替代价值法、支付意愿法及人力资本法（刘心占，2010）。本书中，若矿产资源开采加工整个过程对气候变化这一影响类别造成的环境影响为 1 千克二氧化碳的排放，那么为减少这 1 千克二氧化碳的排放所需要支付的费用（碳交易、碳捕集等）就是造成该环境影响而导致的经济损失。

环境影响经济总损失为各类环境影响损失之和，公式如下：

$$Cost_{impact} = \sum_{i=1}^{i=n} Cost_i = \sum_{i=1}^{i=n} Impact_i \times k_i \quad i = 1, 2, \cdots, n$$

$$(4-2)$$

式中，$Cost_{impact}$ 代表矿产资源开采加工全生命周期环境影响经济损失；i 为环境影响类别；$Cost_i$

代表矿产资源开采加工全生命周期 i 类环境影响的经济损失；$Impact_i$ 代表矿产资源开采加工对环境影响类型 i 造成的影响值；k_i 代表为消除或减弱单位环境影响 i 所需支付的费用。

二　生态系统服务价值损失

由于矿区生态系统服务价值确定的主观性和研究的滞后性，以及生态系统功能在空间、时间尺度的复杂性和异质性，目前尚没有一套公认的较为完善的矿区生态系统服务价值评价体系（刘孙丹，2013）。生态系统服务价值当量因子法由于直观易用，同时对数据的要求较少，因此被应用到许多生态系统服务研究中。谢高地等学者在对全球生态系统服务价值功能评价框架进行修正的基础上，提出中国陆地生态系统服务功能类型框架以及陆地生态系统服务价值当量因子表（谢高地等，2008），并开展一系列研究，评估不同区域尺度的生态系统服务价值，如评估青藏高原生态资产的价值（谢高地等，2003）、评估中国生态系统服务价值（谢高地等，2008）。

生态系统服务价值当量因子表中规定农田粮食产量的经济价值为 1（谢高地，2003），其他生态系统生态服务价值当量因子指某生态系统产生相应生态服务相对于农田食物生产服务的贡献值（谢高地，2003）。研究基于谢高地等学者的理论成果，并根据研究区域主要粮食作物的播种面积、单位面积产量以及平均价格等数据，对区域单位面积生态系统服务价值进行核算，如式（4-3）所示。

$$E_{i,j} = \frac{1}{7}\alpha_{i,j} \times D = \frac{1}{7}\alpha_{i,j} \times (S_r \times F_r + S_w \times F_w + S_c \times F_c)$$

$$(4-3)$$

式中，$E_{i,j}$ 为 j 种生态系统 i 类生态服务功能的价值（元/公顷）；1/7 指没有人力投入的自然生态系统所提供的经济价值是现有农田粮食生产服务价值的 1/7（肖玉，2003）；$\alpha_{i,j}$ 为 j 种生态系统 i 类生态服务功能相对于农田生态系统所提供生态服务价值的当量因子；i 代表生态系统服务功能类型，包括气体调节等类别；j 代表生态系统类型，包括森林、草地等类型；D 表示单位面积农田生态系统粮食生产的净利润（元/公顷）；S_r、S_w 和 S_c 分别表示谷物、豆类和薯类的播种面积占三种作物播种总面积的百分比；F_r、F_w 和 F_c 分别表示谷物、豆类和薯类的单位面积平均净利润（元/公顷）。

再结合区域土地利用类型，评估区域单位面积生态系统服务价值权重值，如式（4-4）所示。

$$E = E_j \times S_j = \sum_{i=1}^{i=9} E_{i,j} \times S_j \qquad (4-4)$$

式中，E 代表单位面积生态系统服务价值权重值（元/平方米）；E_j 代表 j 类生态系统单位面积各类生态系统服务价值总和（元/平方米）；$E_{i,j}$ 代表 j 种生态系统 i 种生态服务功能的价值（元/平方米）；S_j 代表 j 类生态系统的面积百分比（%）。

矿产资源开采加工全生命周期生态系统服务价值损失则由单位面积生态系统服务价值权重值（E）与矿产资源开采加工全生命周期土地占用量相乘获取，如式（4-5）所示。

$$Cost_{service} = E \times A \tag{4-5}$$

式中，$Cost_{service}$ 代表矿产资源开采加工全生命周期生态系统服务价值损失（元）；E 代表单位面积生态系统服务价值权重值（元/平方米）；A 代表矿产资源开采加工全生命周期土地占用量（平方米）。

第二节 案例分析

一 数据收集与处理

（1）本案例研究所采用的数据，主要有以下几个方面的来源。

①实地调研。多次赴 QH 实地调研收集相关数据，重点前往 DCD 矿业有限公司进行合质金生产相关投入与产出数据的收集。

②公共数据。包括公开发表的文献、《青海省年鉴》、《海西州统计年鉴》等来源。

③政府合作收集相关数据。与 HX 生态环境局、HX 自然资源局等开展合作，收集 HX 土地利用情况等数据。

④生命周期清单数据库。研究用到的数据库有中国生命周期清单基础数据库与 Ecoinvent 数据库。

（2）数据处理。

①清单构建。研究功能单位为 1 克合质金产品，系统边界采用"从摇篮到大门"的方式，即不考虑合质金的使用以及其处理过程。在此基础上，进行数据收集，所有相关的投入与产出数据均以该功能单位为基准进行相应转化。此外，单个样本具有较大的随机性，因此研究选用年度数据进行生命周期清单的构建。研究最大限度地采用企业运行数据（原材料消耗、能源消耗、污染物直接排放等）进行合质金生产生命周期清单构建，并采用泰勒展开式对数据质量进行把关，如式（4-1）所示。将符合数据质量要求的数据用于合质金生产生命周期清单的构建，舍弃不符合数据质量要求的数据，并且重新收集相关数据；重复上述过程，直至所有数据均符合数据质量要求。此外，研究采用 Weidema 等（1996，2013）开发的系谱矩阵从数据

可靠性、完整性、时间相关性、地域相关性、技术相关性以及样本大小方面给出本书中清单构建过程各数据的质量指标（具体指标见附录）。

②数据库数据处理。背景清单选择时，研究选用中国生命周期清单基础数据库（该数据库的具体介绍见附录）。对于该数据库中缺失的数据，研究采用 Ecoinvent 数据库中的相关数据。尽管如此，选用的欧洲数据中如运输、电力等背景数据均采用中国本土化数据替换，以尽可能地减少地域差异带来的误差。

③影响类别筛选。由于本书从生态学的角度，利用能值分析法进行资源价值方面的核算，为避免重复计算，在生态环境经济损失核算中不再考虑资源消耗相关的影响。

二 环境影响经济损失

研究首先对合质金生产进行生命周期评价，量化合质金生产全生命周期造成的环境影响，继而在此基础上进行环境影响经济损失的核算。

根据 ISO 14040，功能单位是用于量化研究系统性能的基本单位（ISO 14040，2006）。本书中选取 1 克合质金产品（金含量 99.95%）作为功能单位，所有原材料及能源的消耗、运输以及污染物排放等都基于 1 克合质金产品。图 4-3 为本书界定的合质金生产系统边界，包括辅料生产、辅料运输、能源生产以及污染物排放等与合质金生产相关的资源消耗与污染排放。

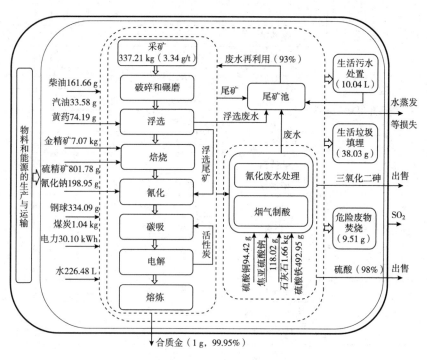

图4-3　合质金生产系统边界

基于上述功能单位与系统边界，进行合质金生产生命周期清单的构建，并利用泰勒展开式对清单数据质量进行把关，清单结果如表4-1所示。此外，研究从数据可靠性、完整性、时间相关性、地域相关性、技术相关性以及样本大小等方面给出清单数据质量指标（相应的 GSD^2），具体见表4-1。

表 4-1　　　合质金生产生命周期清单（功能单位：1 克）

		数值[a]	单位	GSD^2
	土地占用	1.40E-2	平方米	1.58
	金矿	337.21	千克	1.24
	钢球	344.09	克	1.24
	黄药	74.19	克	1.24
	金精矿	7.07	千克	1.24
	硫精矿	801.78	克	1.24
	石灰石	1.66	千克	1.24
资源和能源	氰化钠	198.95	克	1.24
	水	226.48	升	1.24
	焦亚硫酸钠	118.02	克	1.24
	硫酸铜	94.42	克	1.24
	硫酸铁	492.95	克	1.24
	电力	30.10	千瓦时	1.24
	煤炭	1.04	千克	1.24
	汽油	33.58	克	1.24
	柴油	161.66	克	1.24
	危险废弃物焚烧	9.51	克	1.26
废物处置	生活垃圾填埋	38.03	克	1.32
	污水处理	10.04	升	1.26
	二氧化硫	74.52	克	1.61
污染物直接排放	砷	0.29	毫克	5.35
	粉尘	526.07	毫克	3.31
	二氧化碳	1.47	千克	1.61

注：a 代表企业年度数据。GSD^2 代表几何标准方差的平方，下同。

　　基于构建的生命周期清单，选用 ReCiPe 模型对合质金生产全生命周期造成的环境影响进行量化评估，随后进行环境影响经济损失的评估，结果见表 4-2。

表 4-2　　每克合质金产品环境影响经济损失

类型	环境影响			单位影响经济成本[a]	经济损失（元）		
	直接	间接	合计		直接	间接	合计
气候变化	6.61 kg CO_2 eq	49.91 kg CO_2 eq	56.52 kg CO_2 eq（GSD^2=1.54）	37.50 元/t CO_2	0.25	1.87	2.12（1.38~3.26）
人类健康	1.50E-05 DALY	8.45E-05 DALY	9.95E-05 DALY（GSD^2=1.51）	2.17 万元/DALY	0.33	1.83	2.16（1.43~3.26）
合计					0.58	3.70	4.28（2.81~6.52）

注：直接影响为生产过程产生的环境影响；间接影响为电力、物料等过程造成的环境影响。
a 郑爽利孙峰（2017）；World Health Organization（2017）；潘小川等（2012）。

由表 4-2 可以看出，1g 合质金生产全生命周期对气候变化和人类健康造成的影响，分别是 56.52 kg CO_2 eq 和 9.95E-05 DALY。生命周期评价不确定性分析结果表明，气候变化与人类健康的 GSD^2 值分别为 1.54 和 1.51。这表示在 95% 的置信区间内，每克合质金生产对气候变化造成的影响为 36.70—87.05 kg CO_2 eq；对人类健康造成的影响为 6.59E-05—1.50E-04 DALY。

相应地，每克合质金生产全生命周期环境影响经济损失为 4.28 元。结合环境影响不确定性分析，环境影响经济损失为 2.81—6.52 元。其中为缓解气候变化支付的费用为 2.12 元，在区间 1.38—3.26 元变动；为避免健康影响支付的费用为 2.16 元，在区间 1.43—3.26 元变动。

本书除给出合质金生产全生命周期环境影响总值外，还对生产过程直接环境影响及其经济损失与间接环境影响及其经济损失进行区分（见表 4-2），以期为决策者进行政策制定提供更为详尽的参考信息。对环境影响结果进行溯源分析，结果表明电力及柴油（合质金生产过程需要电力与柴油等的输入）生产导致的二氧化碳排放，是造成气候变化的主要原因；电力生产过程排放到空气中的汞、砷、铅是造成人类健康损失的主要原因。

三 生态系统服务价值损失

依据式（4-3），本书中 S_r、S_w 和 S_c 分别表示谷物、豆类和薯类的播种面积占三种作物播种总面积的百分比（%），可通过《海西州统计年鉴》获取；F_r、F_w 和 F_c 则分别表示谷物、豆类和薯类的单位面积平均净利润（元/公顷），可根据《青海统计年鉴》获取。最终得到 HX 单位面积农田生态系统粮食生产的净利润（修正系数）为 1.08 万元/公顷，继而得到 HX 生态系统单位面积生态系统服务价值（见表 4-3）。

表 4-3　　　　HX 生态系统单位面积生态系统服务价值

单位：元/平方米

生态系统服务分类		森林	草地	农田	湿地	水体	难利用土地
一级	二级						
供给服务	食物生产	0.11	0.32	1.08	0.32	0.11	1.08E-02
	原材料	2.80	5.39E-02	0.11	7.55E-02	1.08E-02	0.00
调节服务	气体调节	3.77	0.86	0.54	1.94	0.00	0.00
	气候调节	2.91	0.97	0.96	18.44	0.50	0.00
	水源涵养	3.45	0.86	0.65	16.71	21.97	3.23E-02
	废物处理	1.41	1.41	1.77	19.60	19.60	1.08E-02
文化服务	娱乐文化	1.38	4.31E-02	1.08E-02	5.98	4.68	1.08E-02
支持服务	土壤形成与保护	4.21	2.10	1.57	1.84	1.08E-02	2.16E-02
	生物多样性保护	3.52	1.18	0.77	2.70	2.68	0.37

结合 HX 土地利用情况（见图 4-4），依据式

（4-4），对 HX 单位面积生态系统服务价值进行评估。结果表明，HX 陆地生态系统服务单位面积价值为 5.61 元/平方米（权重值）。

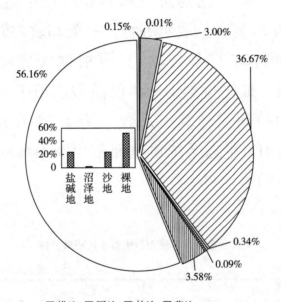

图 4-4　HX2014 年土地利用情况

由图 4-4 可以看出，HX 土地利用类型以草地与其他土地为主，分别占 HX 土地面积的 36.67% 与 56.16%。其中，其他土地利用类型中，裸地占地面积最大，占其他土地利用类型的 51.97%（HX 土地面积的 29.18%），其次是盐碱地与沙地，分别占其他土地利用类型的 23.66% 和 23.35%（分别占 HX 土地利用类型的 13.29% 和 13.11%）。由土地利用类型图可以看出，HX 生态系统服务价值主要由草地、裸地、盐碱地及沙地生态系统服务价值决定。

合质金生命周期评价结果表明，每克合质金产品全生命周期土地占用为 2.37 平方米，土地占用的 GSD^2 值为 1.48。这表示在 95% 的置信区间内，每克合质金生产对土地占用造成的影响为 1.60—3.51 平方米。综合合质金生产造成的土地占用与 HX 单位面积土地生态系统服务价值，得到每克合质金产品全生命周期因土地类型改变造成的生态系统服务价值损失为 13.32 元。结合环境影响不确定性分析结果，则每克合质金产品全生命周期造成的生态系统服务价值损失最小值为 9.00 元，最大值为 19.71 元。

对土地占用结果进行进一步分析，由生产过程造成的直接土地占用为 1.85 平方米，相应的生态系统服务价值损失为 10.37 元；合质金生产全生命周期其他资源投入造成的间接土地占用为 0.52 平方米，相应的生态系统服务价值损失为 2.95 元。

四 生态环境价值损失

本章分析了合质金生产全生命周期环境影响经

济损失和生态系统服务价值损失。结合环境影响不确定性分析结果，表4-4汇总了每克合质金产品全生命周期生态环境价值损失。核算结果表明，每克合质金产品全生命周期生态环境价值损失为17.60元，生态环境价值损失变化区间为11.81—26.23元。

表4-4　　　　　　每克合质金产品生态环境价值损失

		经济损失（元）		
		直接	间接	合计
环境影响经济损失	气候变化	0.25	1.87	2.12（1.38—3.26）
	人类健康	0.33	1.83	2.16（1.43—3.26）
生态系统服务价值损失		10.37	2.95	13.32（9.00—19.71）
合计		10.95	6.65	17.60（11.81—26.23）

第三节　本章小结

目前针对矿产资源生态环境损失的研究多集中于矿产资源开采直接造成的环境影响损失，尚没有关于矿产资源开采全生命周期生态系统服务价值损失的研究。因此，本书采用生命周期法，对矿产资源全生命周期环境影响进行量化评价，继而进行矿产资源开采全生命周期生态环境价值损失核算，包括环境影响经济损失与生态系统服务功能价值损失。

本章从全生命周期生态环境影响的角度出发，构建了反映矿产资源外部成本的生命周期生态环境价值损失核算框架，并以 DCD 矿业合质金生产为案例进行实证分析，以期为资源性产品外部成本核算提供参考。研究结果表明，生产每克合质金产品全生命周期生态环境价值损失为 17.60 元。结合环境影响不确定性分析，每克合质金产品全生命周期生态环境价值损失最大值与最小值分别为 26.23 元和 11.81 元。其中，每克合质金产品全生命周期对气候变化造成的影响为 56.52 kg CO_2 eq（$GSD^2 = 1.54$），相应的经济损失为 2.12 元（1.38—3.26元）；对人类健康造成的环境影响为 9.95E−05 DALY（$GSD^2 = 1.51$），相应的经济损失为 2.16 元（1.43—3.26 元）；对土地占有造成的环境影响为 2.37 平方米（$GSD^2 = 1.48$），相应的经济损失为 13.32 元（9.00—19.71 元）。

本章首先构建了基于生命周期评价的矿产资源生态环境价值损失核算框架，能够为资源性产品外部成本核算提供参考。其次构建了黄金生产生命周期清单，可为相关生命周期评价研究提供数据基础。此外，环境影响评价结果可为利益相关者提升合质金生产环境绩效提供数据支撑。

第五章

矿产资源生态补偿机制

矿产资源对我国经济建设和社会发展起到至关重要的作用，但由于长期以来形成的"资源耗竭型"发展模式，导致矿业活动对生态环境保护力度不够。矿业造成生态环境污染与破坏，严重制约经济社会发展。矿产资源生态补偿是一项长期而艰巨的任务。学术界对生态补偿机制的研究主要集中于生态补偿标准的核算，且目前仍没有形成统一的生态补偿标准确立方法。合理的生态补偿标准是生态补偿机制得以有效实施的前提，因此本书中矿产资源生态补偿机制构建的重点在于补偿标准的确立。

第一节 矿产资源生态补偿机制

研究围绕补偿原则、补偿主体与客体、补偿途径与补偿资金来源、生态补偿标准以及监管与保障机制进行矿产资源生态补偿机制的构建，如图 5-1所示。

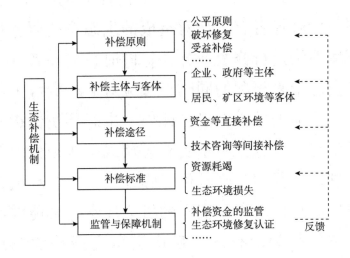

图 5-1　矿产资源生态补偿机制

一　补偿原则

生态补偿原则贯穿整个生态补偿机制，本书根据补偿原则确定补偿主体与客体；进而根据主体与客体确定补偿途径及补偿资金来源。

（一）公平原则

矿产资源是大自然赐予人类的共同财富，所有人都享有平等利用矿产资源的权力与机会。矿产资源的耗竭在对当代人的福利造成损害的同时也影响着后代人的福利，因此，矿产资源生态补偿中应考虑公平的原则。

（二）破坏者修复、受益者补偿、保护者得到补偿

矿产资源开采严重破坏矿区原有的生态环境。生态环境破坏者有责任对造成的生态系统服务损失或环境污染进行修复或补偿；同时，受益者在享受矿产资源带来福利的同时，理应对矿产资源消耗及生态环境损失进行补偿。此外，生态环境保护者在进行生态保护过程中承受着直接或间接损失。对保护者进行补偿和奖励既可以弥补其在生态环境保护中损失的直接成本和丧失的机会成本，又能够激励环境友好行为，有助于矿产资源生态补偿机制的落实。

（三）政府主导、市场结合

矿产资源生态补偿涉及多方利益，且各方利益较难协调。因此，矿产资源生态补偿中应充分发挥政府的主导作用，通过财政转移等手段加大对生态保护的投入。此外，充分考虑生态资源的流通性，将生态资源合理定价，使生态投资者得到合理的回报，从而拓展生态资源市场，使生态资本增值，使其经济价值得到最大限度的发挥。

（四）其他

矿产生态补偿机制的建立应该遵循循序渐进的

原则。一些生态补偿规划之所以没有被采纳，是因为操作成本太高。因此，对于生态破坏严重的采矿行为，可以采用先定性后定量、先少后增的方式进行补偿。循序渐进，以保证矿产资源生态补偿的有效落实。

二　补偿主体与客体

根据生态补偿的原则（"谁破坏，谁修复"，"谁受益，谁补偿"，保护者得到补偿），分析矿产资源开发利用的利益相关者，进而确定生态补偿的主体与客体。

（一）补偿主体

矿山企业是矿产资源开发的直接受益者，企业在开采矿产资源获得收益的同时必须承担矿产资源耗竭成本。此外，采矿企业在开采矿产资源过程中对当地生态环境造成了破坏，矿山企业理应对矿山生态环境进行修复。另外，矿产资源产品在销售后供其他地区使用，这些地区从矿产资源使用中获益，也应该对矿产资源开采过程中出现的生态破坏和环境影响进行补偿。资源开采过程需要从外界投入辅料（化学制剂、能源等），这些辅料的生产对材料生产地产生环境影响，辅料的出售给辅料企业带来利润，给辅料来源地创造税收，因此该部分的生态补偿应该由辅料出售企业及出售地的政府承担。综上所述，矿产资源开发生态补偿主体主要包括矿山企业和各级政府。此外，环保机构、国际组织、居民个人以及其他各种社会力量可以通过技术、资金、监督等多种途径参与到生态补偿机制的建设中。

（二）补偿客体

矿产资源开发过程中，矿区的生态环境遭到直接破坏，相应的生态系统服务价值也受到严重损失。矿山企业作为矿区生态环境的破坏者，对矿产资源开发造成的矿区地面塌陷、地形地貌景观破坏等问题进行矿山环境治理恢复。此外，矿产资源开采产生的污染物排放，直接或间接地影响了矿区居民的生活环境。因此，矿山开采生态补偿的客体主要是矿山生态环境及矿区居民。对于环境绩效好的矿山企业，相关政府部门可提供技术、政策以及智力等方面的补偿，从这一角度出发，企业也可以成为补偿的客体。

三 补偿途径与资金来源

根据不同的补偿对象，可以确定不同的补偿方式及相应的补偿途径。补偿方式有直接补偿（如资金补偿等）与间接补偿（如政策补偿、教育补偿等）。

（一）直接补偿

对于由历史遗留问题导致的生态补偿"旧

账",由于责任主体争议较大,因此其主要的生态补偿与修复以政府财政支出为主,如图 5-2 所示。地方政府通过财政转移、矿产资源税、发行债券、生态彩票等方式筹集废弃矿山治理金,对废弃矿山进行生态环境修复及对矿区居民进行补偿。

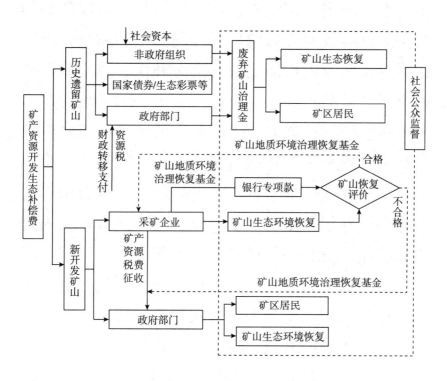

图 5-2　生态补偿资金主要来源及分配

对于新开采的矿山,矿区生态环境恢复以承担矿产资源开采的企业为主(见图 5-2)。矿山企业按照要求编制矿山地质环境保护与土地复垦方案,审核通过后向银行提交矿山地质环境治理恢复基金。矿山企业按照要求对矿山进行生态环境修复，闭矿时委托权威专业机构进行评估。评估合格，银行返还企业矿山地质环境治理恢复基金；不合格，银行将矿山地质环境治理恢复基金转交当地政府，由政府利用该资金进行后续生态环境恢复。除对矿山生态环境进行恢复外，矿产资源开采造成的污染物排放直接或间接影响矿区居民的生活质量，因此还需对矿区及周边居民进行资金补偿，资金源于矿产资源开采的利润。

随着经济社会的发展以及生活水平的提高，人们越来越重视生态环境质量。因此，在政府与企业之外，还存在"非政府""非营运"的社会机构对生态环境补偿做出贡献。企业、集体或者个人通过提供物品、资金等捐赠的形式，用于矿区生态环境的保护与修复，以及矿区居民生活水平的提高。同时，他们对矿区生态补偿落实情况的监督也有助于生态补偿机制的有效落实。

对矿区及周边居民的直接补偿除了资金补偿外，还可通过实物补偿，如给居民发放生产工具以及生活物资等。生态补偿资金的使用必须公开透明，接受公众和舆论的监督。

（二）间接补偿

中央对省级政府以及省级政府对市级政府给予

相关政策优惠，使受补偿者在授权的权限内，利用政策的优先权和优惠待遇，促进当地的发展。利用制度和政策资源进行补偿非常重要，尤其是对于地处国家生态安全屏障、经济基础薄弱的地区。中央和地方政府对矿产资源开发生态恢复和保护者给予政策优惠与照顾，如减免税收等。矿产资源品位降低、环保压力增加是目前矿山企业普遍面临的问题，政府可通过政策优惠促进相关企业发展。分区管理、政策倾向以及差别待遇是常见的几种政策补偿方式（宋蕾，2009），如国家在恢复治理废弃矿山时，明确优先治理区域；在资源型城市建立循环经济试点园区等。

矿山企业雇用的劳动力部分为本地居民，矿山企业为当地居民提供就业岗位。然而，矿产资源开采对当地生态环境造成破坏，当地居民承担着由资源开发造成的"资源诅咒"效应和环境效应等负面效应（张新华等，2011），"资源诅咒"现象在矿产资源开采地陆续上演（宋丽颖和王琰，2016）。甚至部分人因为资源开采失去了最基本的生产环境和生活条件，导致资源区社会矛盾重重，严重影响了资源型地区的经济发展和社会稳定。政府通过提供技术咨询和技术培训等方式，提高生产企业的管理能力与技术水平。资源区政府与企业可通过提供培训等方式增加当地居民的生产能力与就业能力。

四 补偿标准

矿产资源生态补偿机制的建立应遵循公平原则。矿产资源是典型的不可再生资源，其耗竭在对当代人的福利造成损害的同时也会导致后代人福利的减少。因此，矿产资源生态补偿需要考虑对资源消耗的价值补偿。此外，矿产资源开发过程导致生态环境破坏，因此矿产资源生态补偿需要考虑生态环境价值损失。综上所述，本书中矿产资源生态补偿标准由资源消耗导致的矿产资源存在价值损失（生态系统贡献价值）以及生态环境破坏导致的生态环境价值损失（包括环境影响经济损失和生态系统服务价值损失）构成，如图5-3所示。其中，矿产资源消耗补偿依据矿产品生产过程矿产资源消耗量与

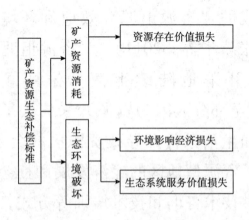

图5-3 矿产资源生态补偿标准核算框架

矿产资源价值进行核算（见第三章），生态环境损失补偿则依据矿产资源全生命周期环境影响经济损失与生态系统服务价值损失进行核算（见第四章）。

五 监管与保障机制

矿产资源生态补偿机制的构建旨在保护矿区生态环境及维护矿区居民的发展机会，促进矿区可持续发展。监管机制是对生态补偿落实情况及实施效果进行监督，有助于生态补偿机制的完善，是生态补偿有效实施的必要保障。

生态补偿过程涉及矿山生态环境恢复以及对矿区居民发展机会的补偿，因此对生态补偿监管包括对生态补偿资金的监管以及对矿区生态环境修复认证的监督。对生态修复项目进行监督，需要明确各部门的职责，实行责任追究制度；建立绩效考核体系，提高执行力，保证生态修复项目的有序进行。矿区生态环境恢复评估由政府部门聘请权威专业机构进行验收，并由政府代表、矿区居民等参与，对生态环境修复项目进行评价、检查以及最终验收。生态补偿资金需专款专用，使用过程必须公开透明，接受公众和舆论监督。

矿产资源生态补偿的监督主体由矿区生态环境管理部门和人大、税务机关、审计机关以及社会舆论构成。矿区生态环境管理部门具体负责对企业的生态补偿标准制定和对补偿效果的评价，而人大、税务机关、审计机关和社会舆论则对生态补偿资金使用情况进行监督，对生态环境管理部门是否尽职进行监督。

在矿产资源开采的生态补偿过程中，政府在进行生态补偿的过程中对居民群众参与的重视程度不够，导致在生态补偿过程中公众参与的缺位。同时，由于矿产资源地区的居民对于生态补偿的意识很淡薄，致使其对于生态补偿的参与积极性不高。然而，矿产资源地区的居民群众是矿产资源生态补偿最主要的补偿对象之一，因此，必须着力提高公众生态补偿参与意识，健全公众参与监管制度。

第二节　案例分析

一　补偿主体与客体

在本书中，DCD 矿业有限公司既是金矿开采的直接受益者，也是生态环境的直接破坏者，是补偿的主体。DCD 矿业为当地以及国家创造收益、解决当地就业，因此各级人民政府（中央、QH 以及 HX）是补偿主体。由于 HX 财政没有进行矿产资源生态补偿的能力，因此政府财政方面以中央和

QH 政府为主，HX 政府可以通过提供政策、技术等方式进行补偿。

TJSJLG 矿区的生态环境遭到破坏，补偿的客体应为 TJSJLG 矿区的生态环境。资源区居民的生活环境质量下降，资源区居民也应该是矿产资源生态补偿的客体。

二 补偿途径

AELD 黄金公司于 2016 年退出 DCD 矿业有限公司，随后，由 YT 集团进行收购。对于收购之前的生态旧账，由政府负责矿山生态环境的治理恢复；之后的生态环境问题，则由 YT 集团负责。合质金生产过程需要柴油、电力、钢球等的投入，这些能源及物料的生产过程造成的生态环境经济损失，则由原材料生产企业及企业所在地政府进行补偿。

HX 政府可通过培训、技术咨询等途径提高矿区员工的生产技能、环保意识，促进企业节能减排，降低生产成本，提高生态补偿的积极性。此外，消费者在享受黄金产品带来福利的同时，也可通过监督、资金捐赠等途径参与到矿区的生态补偿中。

QH 是我国西部经济欠发达地区，矿区居民文化水平较低，通过教育宣传、各种形式的技术培训，提高矿区居民的生活技能、知识水平以及他们的思想意识。促使他们采用先进的生产技术，改变落后的生产方式，提高农牧产品产量。此外，通过开展生产技能、组织管理能力的培训和教育等活动，还可促进劳动力转移，防止金矿资源开采完毕后部分居民出现失业的现象。因此，实施教育与技术补偿是促进矿区可持续发展的有效途径之一。此外，还需通过宣传教育，提高 DCD 矿业有限公司员工与当地居民的生态保护意识，促进矿产资源生态补偿的高效落实。

三　补偿标准

根据前文所述的矿产资源生态补偿标准核算框架，以 DCD 矿业有限公司合质金生产为例进行实证分析，评估合质金生产生态补偿标准，包括黄金资源消耗补偿费用和生态环境补偿费用。

（一）黄金资源消耗补偿

合质金全生命周期能值核算结果表明，每克合质金产品中投入黄金资源的能值为 3.52E+12 sej（开采黄金资源与金精矿中黄金资源之和），相应的能值货币价值为 12.27 元。因此，每克合质金产品全生命周期应提取 12.27 元进行黄金资源消耗的补偿。

（二）生态环境补偿

合质金生命周期生态环境价值损失核算结果表

明，每克合质金产品造成的生态环境经济损失为17.60元。结合环境影响不确定性分析，每克合质金产品造成的最大生态环境价值损失和最小生态环境价值损失值分别为26.23元和11.81元。生态环境价值损失中，每克合质金生产造成的直接生态环境价值损失为10.95元，间接生态环境价值损失为6.65元。综合上述信息，每克合质金产品全生命周期应提取的生态环境经济补偿量为17.60元，其中10.95元用于支付生产过程直接造成的生态环境经济损失，6.65元用于支付造成的间接生态环境经济损失。

（三）补偿标准

综合资源消耗补偿与生态环境补偿，得到合质金产品生命周期生态补偿标准，如表5-1所示。每克合质金全生命周期应提取29.87元（24.08—38.50元）进行生态补偿，其中12.27元是对黄金资源消耗的补偿，17.60元是对生态环境损失的补偿。

表5-1　　　　每克合质金产品生命周期生态补偿标准

	补偿		
	直接（元）	间接（元）	合计（元）
资源消耗			12.27
生态环境损失	10.95	6.65	17.60（11.81—26.23）
合计			29.87（24.08—38.50）

四 监督管理与保障机制

为确保 DCD 矿业有限公司生态补偿的顺利实施，相应的监督管理与配套的保障机制是必不可少的。建议由 DCD 矿业有限公司、HX 生态环境局、HX 自然资源局、HX 水利局等部门牵头，协同 DCD 行政委员会生态环境局等部门共同组建 DCD 矿业生态补偿监督管理中心，对 DCD 矿业生态补偿资金的使用及生态环境修复认证进行监督。同时，鼓励 DCD 地区的农牧民参与到 DCD 矿业生态环境修复的监督工作中。

第三节 本章小结

目前矿产资源生态补偿标准的确立缺少对矿产资源损耗价值的考量，而矿产资源是典型的不可再生资源，具有不可重塑性。因此，本书在确立生态补偿标准时同时考虑矿产资源消耗成本与生态环境价值损失。在此基础上，围绕补偿原则、补偿主体与客体、补偿途径与资源来源以及监督管理与保障机制等方面进行生态补偿机制构建。研究以 DCD 合质金生产为例进行实证分析，结果表明，每克合质金全生命周期应提取 29.87 元进行生态补偿，其中 12.27 元为黄金资源消耗补偿，17.60 元为生态环境损失补偿。研究结果有助于 DCD 矿业生态补偿的实施，同时也推动 HX 矿产资源生态补偿的开展。

第六章

政策建议

HX 是一个文化差异大的多民族聚居地区，以蒙古族和藏族居多。HX 矿产资源丰富，矿业是 HX 经济的支柱产业。HX 作为"三江源"的重要生态安全屏障，在全省乃至全国生态建设中具有特殊地位。然而，HX 位于经济发展落后的西部，地方财政能力有限。建议从深化资源税费改革、完善生态补偿法律法规体系、促进区域循环经济发展以及增强能力建设等方面着手，为 HX 矿产资源生态补偿机制的有效落实保驾护航。

第一节　深化矿产资源税费改革

综合考虑资源本身价值损耗、生产过程投入资源成本、生产造成生态环境损失，每克合质金应该具有的价值为 358.30 元（见图 6-1）。其中，为生产每克合质金需投入的黄金资源的价值为 12.27 元，除黄金外投入其他资源的价值为 328.43 元，造成生态环境破坏成本 17.60 元。根据黄金协会的统计数据，同年黄金的价格为 249.07 元，远低于合质金产品应有的价值（358.30 元）。这是因为我国不完善的资源价格机制，使资源价格不能有效反映资源稀缺性和环境成本，导致资源性产品的价格不能充分反映其价值。因此，亟待完善资源性产品的价格体系，使其充分体现资源稀缺性和生态价值。

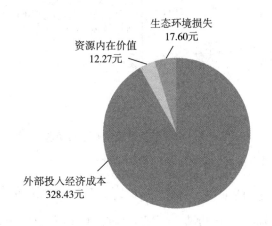

图 6-1　每克合质金价值构成

图 6-2 总结了我国矿产资源税费改革历程。1983 年云南省对磷矿开采征收植被覆土费用以及其他环

	1983年 云南省对磷矿开采征收植被覆土费用以及其他生态环境破坏恢复费用
发布《中华人民共和国资源税条例（草案）》《中华人民共和国盐税条例（草案）》，开始对开采原油、天然气、煤炭等矿产品和生产盐的单位和个人征收资源税 1984年	
	1986年 颁布《矿产资源法》，矿产资源有偿使用制度有了法律层面的规定。开征矿产资源补偿费
《中华人民共和国资源税暂行条例》指出，资源税的应纳额按照应税产品的课税数量和规定的单位税额计算，开启了我国资源税从量计征的时代。同时废止了两个条例草案 1993年	
	1994年 发布《矿产资源补偿费征收管理规定》，我国的矿产资源进入了有偿开采的新阶段。《矿产资源法实施细则》出台，在矿产资源法的基础上进一步细化资源税费的相关规定，包括征税对象、矿种目录及计征方式等
发布《新疆原油天然气资源税改革若干问题的规定》，在新疆率先进行资源税改革，将新疆的原油、天然气资源税改为从价计征 2010年	
	2011年 国务院对《中华人民共和国资源税暂行条例》进行了修订，明确资源税实行从价定率或者从量定额的计征办法
国家对资源税征收实施全面改革，对绝大部分应税产品实行从价计征的税收征收方式 2016年	

图 6-2　中国矿产资源税费改革历程

境破坏恢复费用[①]；随后国家出台一系列的政策进行矿产资源税费改革，试图通过矿产资源税费改革方式，调整矿产资源收益分配关系，完善矿产资源

[①] 参见吴晓青《加快建立生态补偿机制　促进区域协调发展》，全国人民代表大会网站（http：//www.npc.gov.cn/zgrdw/npc/xinwen/rdlt/sd/2007-10/23/content_1372340.htm），2007年10月23日。

开发补偿政策。2016 年国家对资源税征收实施全
面改革，对绝大部分应税产品实行从价计征的税收
征收方式（马苗卉和范振林，2018）。通过对矿产
资源税收制度的改革，建立税收与资源价格挂钩的
自动调节机制，促进资源节约利用和生态环境
保护。

由第三章资源存在价值核算可知，在金矿开采
品位为 3.34 克/吨的条件下，地壳中黄金资源的价
值为 9.93 元/克。基于该评价结果，矿区每吨金矿
的价值为 33.17 元。2016 年税费改革以前，1 吨一
等岩金矿的资源税为 7 元；税费改革后 1 吨金矿资
源税仍不足 20 元。上述分析表明，虽然资源税改
革提高了金矿的资源税，但从生态经济学的角度出
发，征收的资源税仍低于黄金资源的真实价值。因
此，仍需要深化资源税费改革，在资源税费改革中
充分考虑资源禀赋和生态价值，逐步提高稀缺资源
的资源税。

2018 年起，我国开始征收环保税。环保税根
据排放量和危害性进行征收，能够引导企业加大节
能减排力度。由第四章可知，矿产资源生态环境价
值损失中，生态系统服务价值损失（13.32 元/克）
高于环境影响经济损失（4.28 元/克）。因此，建
议扩大环境保护税法的征税范围，设立"矿产资源

生态税"税项。生态税是政府对破坏环境的外部经济行为进行征税，从而使外部成本内部化，是为生态环境保护和更好利用资源而实施的行政手段（熊进光和徐丽媛，2013）。设立"矿产资源生态税"，并逐步提高税率，以期引导企业降低矿产资源开采造成的生态破坏。通过征收生态税还可以增加政府生态保护的财政支出，成为生态补偿财政转移的重要资金来源。此外，建议实施碳税征收试点工作，并逐步推进。征收碳税是通过对经济活动中碳排放进行征税，将外部成本内在化，从而提高资源价格，继而通过价格杠杆来调节市场供给，最终达到节约资源、减少排放、促进经济结构调整和能源结构调整的效果。征收碳税在激励经济活动主体自动减少碳排放量的同时还有助于应对国际贸易中的"绿色壁垒"（范允奇和王文举，2012）。

第二节　完善生态补偿法律法规体系

党的十六届五中全会首次提出，按照"谁开发，谁保护；谁受益，谁补偿"的原则，加快我国生态补偿机制的建立（温家宝，2005）。自此，我国对生态补偿机制的重视程度日益增加。由表6-1

可以看出，党中央、国务院高度重视生态补偿机制建设，发布一系列政策文件促进生态补偿机制的建设。

表6-1　　　　　　　　我国生态补偿政策文件

出处	内容
《关于制定国民经济和社会发展第十一个五年规划的建议》	按照"谁开发，谁保护；谁受益，谁补偿"的原则，加快建立生态补偿机制（温家宝，2005）
党的十八大报告	建立反映市场供求和资源稀缺程度、体现生态价值和代际补偿的资源有偿使用制度和生态补偿制度（胡锦涛，2012）
《中共中央　国务院关于加快推进生态文明建设的意见》《生态文明体制改革总体方案》	提出加快形成生态损害者赔偿、受益者付费、保护者得到合理补偿的生态补偿机制（叶知年，2016）
《国务院办公厅关于健全生态保护补偿机制的意见》	不断完善转移支付制度，探索建立多元化生态保护补偿机制，逐步扩大补偿范围，合理提高补偿标准，到2020年基本建立符合我国国情的生态保护补偿制度体系（中华人民共和国国务院办公厅，2016）

　　各地区各部门也依照中央政府的统一部署，积极探索和建立生态补偿机制。在推进生态补偿试点项目中，地方政府也相继出台了促进生态补偿的政策文件。然而，尽管生态补偿试点的实践已经广泛开展，但补偿领域和补偿主客体不够明确、补偿方式相对单一、补偿资金渠道少等问题依然突出（韩卫平，2018）。我国现行法律法规没有对生态补偿有关的基本制度性问题进行统一规定（沈友华和徐

成文，2018）。生态补偿已成为解决生态环境问题与区域经济、社会发展的重要途径（高彤，2007），因此，需要逐步出台行业生态补偿办法和综合的补偿条例。从法律层面上，明确相关主体及其义务与权利，确保将环境和资源成本内化到受益者的身上，从而促进环境保护、资源有效利用和生态补偿；加强生态保护执法力度，切实为矿产资源的合理开发利用以及生态环境的有效保护保驾护航。

自 2010 年起，国务院就将研究制订生态补偿条例列入立法计划，但是到目前为止还没有出台该条例。与生态补偿相关的法律法规多分散于其他法律中，如新修订的《中华人民共和国环境保护法》中提出建立健全生态保护补偿制度。但是，鉴于该法律的立法宗旨，没有对利益相关方的权利、义务、责任、补偿内容以及补偿标准进行明确的界定。在矿产资源开发保护领域，相关立法更为缺乏，现行有效的法律鲜有对矿产资源开发生态补偿制度做出明确规定。《中华人民共和国矿产资源法》等法律对矿山环境保护问题的规定过于笼统。国务院于 2005 年颁布了《关于全面整顿和规范矿产资源开发秩序的通知》，并提出探索建立矿山生态环境恢复补偿制度，通过市场机制多渠道融资方式，加快治理与恢复进程（中华人民共和国国务院，2005）。财政部等三部门于2017年联合发布《关于取消矿山地质环境治理恢复保证金　建立矿山地质环境治理恢复基金的指导意见》，指出企业应承担矿山地质环境治理恢复责任，编制矿山地质环境保护与土地复垦方案，落实企业监测主体责任。[①] 然而，目前为止我国还没有完备的矿产资源生态环境补偿规则体系，也没有明确的补偿资金来源（韩卫平，2018）。由此可见，我国迫切需要加强矿产资源开发生态补偿制度的顶层设计。

建立矿产资源开发生态补偿机制已经成为我国建立和完善生态补偿机制国家战略的优先领域，引起了政府高层的高度重视（戴茂华，2013）。因此，建议在当前相关法律法规基础上，制定针对矿产开发生态补偿的法律法规，从而在法律层面上明晰矿产资源开发生态补偿过程中利益相关各方的权利、责任和义务、生态补偿资金的来源渠道、生态补偿的征收依据。中央和地方政府必须加大对专项生态补偿的支持和投入，努力形成一套既分工明确又相互衔接的生态补偿政策和法律制度，推动生态补偿的规范化、制度化和法制化建设。

---

① 参见《财政部　国土资源部　环境保护部关于取消矿山地质环境治理恢复保证金 建立矿山地质环境治理恢复基金的指导意见》，中华人民共和国中央人民政府网站（ht-tp：//www.gov.cn/xinwen/2017-11/17/content_5240425.htm），2017年11月17日。

第三节 发展循环经济

一 优化能源结构

随着西部大开发、西气东输、青藏铁路建设等项目的实施，HX 经济社会进入快速发展时期。经济的发展，离不开能源资源的支撑。HX 矿产资源丰富，长期以来，化石燃料类能源是支撑 HX 经济社会系统运行的主要能源。2015 年 HX 能源消费量为 816.51 万吨标准煤，是 2010 年 HX 能源消费量（412.23 万吨标准煤）的 1.98 倍。图 6-3 给出 HX 能源消费构成（电力按等价值计算），由图 6-3 可

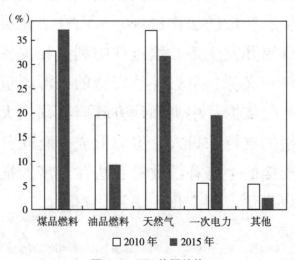

图 6-3 HX 能源结构

以看出，在 HX 的能源消费中，煤品燃料与天然气占据着主导地位。一次电力消耗占总能源消耗的比例由 2010 年的 5.50% 增加到 2015 年的 19.53%，虽然油品燃料与天然气占比均有所下降，但化石燃料仍然在 HX 能源结构中占主导地位。

HX 太阳辐射强，光能丰富，在全国范围内其光能资源仅次于西藏中部和西南部（党永年，2012）。其中，CDM 辐射强度普遍超过 6800 兆焦/平方米，LH 地区辐射强度最高达 7117 兆焦/平方米（海西州统计局，2015）。HX 还有丰富的风力资源，80 米高度实测风速在 6.2—6.8 米/秒，采用中低速风机等效发电小时数可达 2200 小时以上。[①] HX 可用于开发太阳能和风能的沙地、荒地以及戈壁等未利用土地面积高达 9.96 万平方千米（党永年，2012），且地势平缓，可满足太阳能、风能等发电所需的地势需求。利用可再生能源可有效缓解能源紧缺和优化能源结构（庞明月，2014）。近年来，HX 大力引进和实施并相继落地和建成一批新能源项目，新能源产业发展步伐不断加快，为新能源产业基地建设奠定了坚实基

[①] 参见《海西州人民政府关于海西州国家级清洁能源示范基地建设实施意见》，海西蒙古族藏族自治州人民政府网站（http://www.haixi.gov.cn/info/4519/213520.htm），2016 年 7 月 29 日。

础。国家"十四五"可再生能源发展规划中指出，在 HX 等地区统筹推进光伏发电和风电基地化开发。因此，HX 应借助国家政策的"东风"加快可再生能源体系构建，促进区域能源结构优化，巩固 HX 生态环境建设成果。

二　调整产业结构

2021 年 HX 地区生产总值 713.78 亿元（见图 6-4）。其中第二产业贡献值最大（469.30 亿元），占比为 65.75%；第三产业完成 200.99 亿元，占比为 28.16%；第一产业完成 43.49 亿元，占比为 6.09%（青海省统计局，2022）。HX2021 年接待国内外旅游人数 1446.2 万人次，同比增长 7.1%。其中，国内旅游人数 1446.1 万人次，境外入境人数 0.14 万人次，实现旅游总收入 76.23 亿元。

据统计，2021 年全州全体居民人均可支配收入为 3.21 万元，全体居民人均消费支出 2.05 万元（青海省统计局，2022）；而同年，我国全体居民人均可支配收入为 3.51 万元，全体居民人均消费支出 2.41 万元（中华人民共和国国家统计局，2022）。数据分析表明，HX 居民可支配收入和居民人均消费水平均低于全国平均水平。

HX 矿产资源丰富，其中原盐、镁、石棉等矿藏

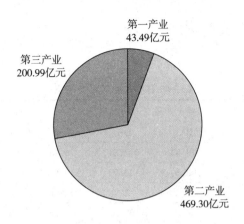

第一产业
43.49亿元

第三产业
200.99亿元

第二产业
469.30亿元

图 6-4 HX 地区生产总值构成

储量居全国首位，矿产资源开发是 HX 重要的经济
支柱（杨荣金等，2017）。2015 年 HX 产矿总量占
QH2015 年产矿总量的 79.85%。同年，HX 矿产工
业总产值占 QH 矿产工业总产值的 91.81%，其中，
HX 金矿工业总产值占 QH 金矿工业总产值的
87%。表 6-2 分析了 HX 主要非油气矿产资源产
量情况。由表 6-2 可以看出，2015 年 HX 非油气
矿产资源产量占全省相应非油气矿产资源产量超
过 50% 的矿种就有 21 种，这 21 种矿产资源合计
7524.73 万吨，占当年 HX 非油气矿产资源总产
量（7779.94 万吨）的 96.72%；同年 QH 这 21
种资源产量合计 7852.43 万吨，占 QH 当年非油
气矿产资源总产量（9743.56 万吨）的 80.59%。
通过以上数据可以看出，HX 矿业对全州乃至全省经济起重要作用。

表 6-2　　　　　　　　　2015 年 HX 非油气矿产资源

序号	矿种	年产矿量（万吨）		占比（%）	
		HX	QH	产量[a]	矿产工业总产值[b]
1	煤炭	698.83	917.81	76.14	61.57
2	铁矿	108.37	120.93	89.61	94.86
3	锰矿	12.2	12.2	100.00	100.00
4	铅矿	109.1	109.36	99.76	99.88
5	锑矿	0.15	0.15	100.00	100.00
6	金矿	148.79	195.49	76.11	87.09
7	锂矿	480	480	100.00	100.00
8	电石用灰岩	115.82	115.82	100.00	100.00
9	制碱用灰岩	210.35	210.35	100.00	100.00
10	盐矿	206.06	206.06	100.00	100.00
11	镁盐	6.02	6.02	100.00	100.00
12	钾盐	5000.55	5000.55	100.00	100.00
13	硼矿	10.32	10.32	100.00	100.00
14	石棉	348.53	351.58	99.13	85.36
15	长石	0.43	0.43	100.00	100.00
16	玉石	0.65	0.67	97.01	99.99
17	建筑石料用灰岩	11.88	21.32	55.72	68.64
18	建筑用辉长岩	3.7	3.7	100.00	100.00
19	建筑用花岗岩	44.83	80.52	55.68	65.83
20	饰面用大理岩	0.25	0.25	100.00	100.00
21	矿泉水	7.9	8.9	88.76	91.22

注：aHX 非油气矿产资源产量占 QH 非油气矿产资源产量的比例。

bHX 非油气矿产资源工业总产值占 QH 非油气矿产资源工业总产值的比例。

　　HX 生态经济系统能值分析表明，HX 经济发展过度依赖于当地不可再生资源（详细信息见附录），在经济增长过程中 HX 生态系统承受着越来越大的环境压力。若长期处于较高的环境负载下，生态系统将产生不可逆转的功能衰退，HX作为全国重要的生态安全屏障，其经济健康可持续发展至关重要。因此，在长期发展过程中，应调整产业结构，转变发展模式，避免资源消耗型发展路径。

三 促进循环经济发展

循环经济是在生产、流通和消费过程中进行减量化、再利用、资源化活动的总称，是一种"资源—产品—再生资源—再生产品"的反馈式或闭环流动的经济形式（Geng et al.，2013；Geng et al.，2019）。循环经济注重资源的高效利用和生态环境的有效保护（Guo，2017）。循环经济以资源节约和循环利用为宗旨，以低消耗、低排放、高利用为基本特征，使资源在整个生产活动和经济运行中得到合理开发和持续利用，实现经济社会可持续发展（McDowall et al.，2017）。

曹孜等（2013）对全国31个省份循环经济效率及影响因素进行分析，结果显示QH循环经济效率处于全国末端，具体表现在技术创新能力低、"三废"综合利用率低。CDM是QH矿产资源最丰富的地区，由于长期实行传统的粗放型经济发展模式，在经济发展的同时对自然资源也造成了严重消耗和浪费（郭映义，2005）。为促进区域循环经济发展，在 QH 成立 CDM 循环经济试验区，积极推行清洁生产。试验区的建立与发展，极大地提高了资源的综合利用水平（袁卫民，2013）。实践证明，通过大力发展以低消耗、低排放和高回收利用为特征的循环经济，改变以资源消耗为代价的产业结构和经济增长方式，可以促进资源的有效保护和可持续开发利用，有利于 HX 经济健康可持续发展。

为提高矿产资源节约和综合利用水平，QH 采取了一系列有效措施，但仍存在综合利用水平低等问题（许国成等，2018）。合质金生产系统能值指标分析结果显示，合质金生产过程可持续发展水平极低。作为依靠不可更新资源发展的矿山企业来说，不可更新资源的大量消耗是不可避免的，因此必须通过大力发展循环经济以提高资源利用效率，进而促进矿业的可持续发展。

第四节　提高能力建设

一　建立健全矿产资源生态补偿管理机制

矿产资源开发利用的生态补偿通常涉及多个部

门，如财政、自然资源、生态环境、林业、农牧、水力等部门，这些部门之间信息不能有效的流通，在一定程度上降低了生态补偿工作落实的力度。此外，矿山环境监督检查制度与公众参与制度的落实等方面没有具体部门管理，影响了矿产资源生态补偿机制作用的发挥（高彤，2007）。因此，应该设立专门的矿产资源生态补偿管理机构，以此来避免之前各部门间相互推诿、缺乏统一管理的现象；同时应设立监督机构，防止权力过度集中，使生态补偿工作与监督工作区分开来，确保生态补偿工作的高效进行。

二　提高公众生态保护参与度

在生态补偿机制建设进程中，生态补偿的有效实施离不开社会各方的通力合作。培养和提高公众生态保护意识，加强从业人员的能力建设，是开展一系列生态补偿工作的重要前提。

新修订的《中华人民共和国环境保护法》（以下简称《环境保护法》）中规定"公民、法人和其他组织依法享有获取环境信息、参与和监督环境保护的权利"。[①]《环境保护法》指出"各级人民政府环境保护主管部门和其他负有环境保护监督管理

---

① 参见《中华人民共和国环境保护法》，中华人民共和国中央人民政府网站（http://www.gov.cn/zhengce/2014-04/25/content_2666434.htm），2014 年 4 月 25 日。

职责的部门，应当依法公开环境信息、完善公众参与程序，为公民、法人和其他组织参与和监督环境保护提供便利"。提高公众的生态环境意识，一方面，能够增强资源区居民对生态补偿工作的积极性，有利于生态补偿工作的落实；另一方面，居民群众对生态补偿工作的监督，可以提高相关部门生态补偿工作的落实效率。

HX 人民政府应在宣传相关价值理念时施加正确引导，准确把握社会舆论导向，将中央以及 QH 人民政府制定出台的相关政策文件，高效快速地传达给当地民众。各级政府自身也应当增强生态文明建设意识，加强领导干部生态道德建设，使各级官员能够意识到，绿色发展才是真正的发展。经济发展应当与生态环境相协调，合理规划布局产业结构，淘汰落后过剩产能，制订符合当地可持续发展的生态发展计划，不拘泥于当前的短时经济效益最大化，考虑未来长远的发展规划，为子孙后代谋福利。此外，各级政府在提升生态文明意识同时，要健全相应法律法规制度保障体系，为生态保护的切实落实保驾护航。

HX 人民政府应强化生态保护教育，广泛开展生态环境宣传活动，在世界环境日等加大宣传力度，出版多种生态保护科普读物，加强在社区及公共场所开展线下生态保护教育工作的力度，在主流媒体及网络等多种平台投放生态保护公益广告，以群众喜闻乐见的形式引导公众树立保护生态环境的意识，调动其在日常生活中保护生态环境的积极性。

三　利益相关者教育培训

在能力建设方面，HX 当地应协同各方构建培训平台，定期进行教育培训，旨在为 HX 生态补偿工作的落实以及生态环境保护提供训练有素的人员配备，使其在理论上和实践中均能具备各岗位所需面临的挑战和承担责任的能力。通过线上线下相结合的方式共同搭建培训平台。对于重要岗位人员需参加线下理论课程的培训，课程内容既要有普遍性，又要有针对性。培训设立资格认证，参加培训且通过考核者，颁发资格认证证书；对于考核未通过者，需再次接受培训任务。对于广大基层工作人员和社会公众，可以通过互联网、手机客户端等方式开展线上教育培训。同时，政府多途径号召广大群众积极主动地参与到培训教育活动中，提升公众的生态环境保护意识，推动 HX 整体生态环保能力的提升。

第五节　本章小结

本章从深化资源税费改革、完善生态补偿法律法规体系、促进区域循环经济发展以及增强当地能力建设四个方面提出对策建议，以期促进矿产资源生态补偿机制的落实。

首先，长期以来，我国资源价格形成机制不完善，资源价格不能有效反映资源稀缺性和环境成本，形成"资源无价、原料低价、产品高价"的扭曲价格体系。因此，需要通过深化资源税费制度改革，完善资源有偿使用制度。其次，我国现有的法律法规对生态补偿有关的基本制度性问题没有统一规定，因此，需要逐步出台行业生态补偿办法和补偿条例。从法律层面上，明确相关主体及其权利与义务，确保环境和资源成本内化到使用者和受益者身上，促进资源有效利用、环境保护和生态补偿。再次，通过优化能源结构、调整产业结构以及发展循环经济促进区域可持续发展。最后，通过培训等方式，对利益相关者进行能力建设方面的提升，从而促进生态补偿机制的有效实施。

第七章

结论与展望

第一节 研究结论

丰富的矿产资源为经济社会健康稳定发展提供了坚实的资源保障。然而，矿产资源生产与消费过程中造成的诸多环境问题，严重制约了矿业可持续发展。如何减少和遏制矿产资源开发利用对矿区生态环境的破坏，促进经济社会健康、可持续发展，成为目前亟待解决的重大问题。党的二十大提出"建立生态产品价值实现机制，完善生态保护补偿制度"。尽管我国在生态补偿方面开展了不少工作，补偿标准的确定缺乏科学依据等问题依然突出。鉴于此，本书从资源价值核算的角度出发，开展针对矿产资源生态补偿标准的研究，继而构建矿产资源生态补偿机制。

研究在分析和总结国内外已有资源价值评估、生态补偿研究的基础上，根据矿产资源损失以及资源开发外部性，构建反映资源消耗与生态环境损失的生态补偿标准核算框架，丰富我国价值核算与生态补偿领域的理论内容。此外，研究以 DCD 矿业有限公司为例进行实证分析，在合质金价值核算的基础上确定金矿开发生态补偿标准，为我国矿产资源生态补偿工作的进一步完善奠定理论基础。

研究从全生命周期的视角评估矿产资源开采全生命周期环境影响经济损失与生态系统服务价值损失，创新性地将生命周期评价法用于生态系统服务价值损失评估。另外，本书拓展现有矿产资源生态补偿标准确立依据，从资源消耗与生态环境损失两个方面进行生态补偿标准的确立。

本书主要结论如下。

（1）在黄金资源禀赋为 3.34 克/吨的情况下，地壳中每克黄金资源的能值价值为 2.85E+12 sej，相应的能值货币价值为 9.93 元。每克合质金生产全生命周期能值投入总量为 9.78E+13 sej；相应的能值货币价值为 340.70 元；其中，黄金资源能值货币价值为 12.27 元，投入的其他资源能值货币价值为 328.43 元。

（2）每克合质金生产全生命周期应提取 29.87 元进行生态补偿。其中，资源消耗补偿量为 12.27 元，全生命周期生态环境价值损失补偿量为 17.60 元。其中，生产过程造成的直接生态环境价值损失为 10.95 元，造成的间接生态环境价值损失为 6.65 元。

（3）每克合质金产品全生命周期生态环境价值损失中，生态系统服务价值损失为 13.32 元，在 9.00—19.71 元变动；环境影响经济损失为 4.28 元，在 2.81—6.52 元变动。生态系统服务价值损失高于环境影响经济损失，造成该结果的主要原因是尾矿与碎石的土地占用。

（4）黄金生产生命周期环境影响评价结果表明，生产每克合质金（99.95%）全生命周期对气候变化、人类健康和土地占用造成的影响分别为 56.52 kg CO_2 eq（$GSD^2 = 1.54$）、9.95E−05 DALY（$GSD^2 = 1.51$）和 2.37 m^2（$GSD^2 = 1.48$）。能值分析结果表明，每克合质金产品能值投入总量为 9.78E+13 sej。环境影响评价结果为企业及当地环保部门提高环境绩效提供数据参考。此外，构建的基于企业运行数据的合质金生产生命周期清单及核算的能值转换率，可以为相关研究提供数据支撑。

（5）本书在价值核算基础上确定生态补偿标准，并从补偿原则、补偿主体与客体、补偿途径与资源来源以及监督等方面进行矿产资源生态补偿机制构建。

（6）本书基于我国矿产资源生态补偿现状，从深化资源税费改革、健全生态补偿法律法规体系、促进区域循环经济发展以及增强能力建设等方面提出对策建议以促进我国矿产资源生态补偿机制的构建与完善。

第二节　研究创新

本书的创新点主要表现在以下几个方面：

（1）现行的矿山生态补偿实践多以恢复矿山生态环境为基本目标，忽略了矿产资源自身消耗的问题。因此，本书拓展现有研究，构建基于资源消耗与生态环境损失的矿产资源生态补偿标准核算框架，并进行全生命周期生态系统服务价值的核算，丰富生态补偿理论内容。

（2）本书对生命周期评价法、能值分析法及生态系统服务价值当量因子法进行集成运用，构建矿产资源生态补偿标准核算框架，通过多方法的交叉融合解决单一方法不能解决的问题，具有方法集成创新。

（3）目前尚没有基于中国国情的黄金生产生命周期评价研究，本书构建的黄金生产生命周期清单，填补了国内在黄金冶炼方面生命周期清单的空白，为相关研究奠定了数据基础。目前，还没有关于 HX 矿产资源生态补偿机制的系统研究，本书量化了该地区合质金全生命周期生态补偿标准，有助于 HX 生态补偿工作的推进。

第三节　研究展望

能值货币价值不同于市场经济中的货币价值，市场不可能短时间内照此定价。资源性产品的能值货币价值在理论上反映了产品的真实价值，其结果可以用于决策参考。

生态补偿机制的确立是一项巨大的工程，由于时间和专业的限制，分析不够全面、细致，争取在今后的研究中进一步完善。由于基础数据的不完善，生命周期评价与能值分析没有考虑厂房、设备等基础设施的影响，导致核算结果偏低；目前尚没有针对能值核算的国际标准，降低了能值分析结果的可靠性。因此，需要倡导基础数据库的完善以及能值核算国际标准的制定，使分析结果更好地服务于政策制定。

矿产资源生态补偿标准一直是学术界研究的热点和难点问题，本书侧重于理论研究，研究结果需要进一步通过实践证明。与此同时，要加强生态补偿评价机制的研究，制定合理的评价指标体系。

附录1 不确定性分析

生命周期评价作为环境管理最有效的工具之
一，已经被广泛应用到各行业环境影响评估中。数
据收集、方法选择等环节带来的不确定性，降低了
生命周期评价结果的可信度，在一定程度上制约了
生命周期评价的应用。测量值的样本通常以标准分
布或对数正态分布的形式出现，Ecoinvent 数据库
假定测量值为对数正态分布。如式（1-1）所示，
对数正态分布的典型特性是几何标准方差的平方涵
盖95%的置信区间，若猜测值的几何标准方差的平
方为 1.5，则分布值的 95% 介于最佳猜测值除以
1.5 和最佳猜测值乘 1.5 之间。研究选用的中国生
命周期清单基础数据库采用 Weidema 等（1996，
2013）开发的系谱矩阵来给出各单元过程清单数据
的不确定性信息。Weidema 等提出的基于谱系矩阵
的评分方法，从数据可靠性、完整性、时间相关
性、地域相关性、技术相关性以及样本大小方面对

数据质量进行评估，如式（1-2）所示。

$$probability\left\{\frac{u}{GSD^2}<X<GSD^2\cdot u\right\}=0.95 \qquad (1-1)$$

$$(\ln GSD^2)^2 = (\ln U_1)^2 + (\ln U_2)^2 + (\ln U_3)^2 +$$
$$(\ln U_4)^2 + (\ln U_5)^2 + (\ln U_6)^2 +$$
$$(\ln U_b)^2 \qquad (1-2)$$

式中，GSD^2 代表几何标准方差的平方，表征数据质量；U_1 代表数据可靠性不确定性因子；U_2 代表数据完整性不确定性因子；U_3 代表时间相关性不确定性因子；U_4 代表地域相关性不确定性因子；U_5 代表技术相关性不确定性因子；U_6 代表样本大小不确定性因子；U_b 代表基本不确定性因子。

其中，U_1—U_b 的取值可通过附表 1-1、附表 1-2 和附表 1-3 获取。

附表 1-1　　　　　数据质量指示器的谱系矩阵

分数	1	2	3	4	5
可靠性（U_1）	基于测量得到的数据并经过验证	部分基于假设的数据得到了验证或基于测量的数据没有得到验证	部分基于假设的数据没有经过验证	经过专家评估	没有经过专家评估

分数	1	2	3	4	5
完整性（U_2）	来自合适的期限和充足的样本点	来自合适的期限和少量的样本点	来自合适的样本点和较短的期限	来自较少的样本点和合适的期限	来自少量的样本点和较短期限，其本身不完整
时间相关性（U_3）	少于3年	少于6年	少于10年	少于15年	不知时间
地理相关性（U_4）	来自研究的区域	平均值来自更大的区域，所研究的区域包括其中	来自相似生产条件的区域	来自部分相似的区域	区域不明
技术相关性（U_5）	来自所研究的企业的工艺过程和原材料	来自所研究的工艺过程和原材料，但来自不同企业	来自研究的工艺和原材料，但来自不同的技术	相同技术，但不同工艺和原材料	来自相关工艺和原材料，但不同技术
样品数量（U_6）	>100	>20	>10	≥3	未知

资料来源：Weidema 等（1996，2013）。

附表 1-2　　　　生命周期清单不确定性因子

分数	1	2	3	4	5
可靠性（U_1）	1.00	1.05	1.10	1.20	1.50
完整性（U_2）	1.00	1.02	1.05	1.10	1.20
时间相关性（U_3）	1.00	1.03	1.10	1.20	1.50
地理相关性（U_4）	1.00	1.01	1.02	—	1.10
技术相关性（U_5）	1.00	—	1.20	1.50	2.00
样品数量（U_6）	1.00	1.02	1.05	1.10	1.20

附表 1-3　　　　生命周期清单基本不确定性因子

输入/输出组	U_b	输入/输出组	U_b
需求		排放到空气	
热能	1.05	CO_2	1.05

续表

输入/输出组	U_b	输入/输出组	U_b
电	1.05	SO_2	1.05
半成品	1.05	燃烧：NO_X、全部 NMVOC、甲烷、N_2O 和 NH_3	1.50
周转材料	1.05	燃烧：CO	5.00
运输服务	2.00	燃烧：单一碳氢化合物、TSM	1.50
废气处理服务	1.05	燃烧：PM_{10}	2.00
基础设施	3.00	燃烧：$PM_{2.5}$	3.00
资源		燃烧：PAH	3.00
初级能源载体	1.05	燃烧：重金属	5.00
金属、盐	1.05	过程排放：单一 VOCs	2.00
土地使用、占用	1.50	过程排放：CO_2	1.05
土地使用、改造	2.00	过程排放：TSM	1.50
余热		过程排放：PM_{10}	2.00
排放到空气、水和土壤	1.05	过程排放：$PM_{2.5}$	3.00
排放到水体		来自农业：CH_4、NH_3	1.20
BOD、COD、DOC、TOC	1.50	来自农业：N_2O、NO_X	1.40
无机化合物（NH_4^+、PO_4^{3-}、NO_3^- 等）	1.50	放射性核素（像氡-222）	3.00
单一碳氢化合物、PAH	3.00	过程排放：其它无机排放	1.50
重金属	5.00	排放到土壤	
来自农业：NO_3^-、PO_4^{3-}	1.50	石油、全部的碳氢化合物	1.50
来自农业：重金属	1.80	杀虫剂	1.20
来自农业：杀虫剂	1.50	重金属	1.50
放射性核素	3.00	放射性核素	3.00

本书中，采用 SimaPro 软件进行分析；选用蒙特卡洛模型对清单数据运行 1000 次进行不确定性分析。

附录 2　生命周期评价

（1）数据来源。合质金生产的相关原始数据，包括原材料消耗、能源消耗、污染物直接排放等都来自 DCD 矿业有限公司。相关背景数据，如电力等能源生产、原材料生产、固体废弃物填埋、废水处理等都来自中国生命周期清单基础数据库。该数据库由山东大学洪静兰教授及其团队构建，是基于企业生产过程的生命周期清单数据库，该数据库涵盖了中国主要工业领域的产品生产数据，如化工（氢氧化钠、玻璃等）、能源（煤炭发电、生物质发电等）、冶金（铜、锌、铝等）等数据。此外，还涉及污水处理、固体废物处置、废气处置等工艺流程。数据库中涉及的主要产品及工艺的数据清单，得到了国际同行的认可，相关研究成果发表于该领域国际权威期刊。

对于数据库中缺失的背景数据，研究采用 Ecoinvent 数据库中的相关数据。尽管如此，选用的欧洲数据中如运输、电力等背景数据均用中国本土化数据替换，以尽可能地减少地域差异带来的误差。

（2）评价方法。生命周期评价法被广泛应用到环境管理中，与此同时，该方法也得到了进一步发展。美国、荷兰等国家均已开发了生命周期评价模型，目前常用的有 ReCiPe、TRACI、CML、Eco-indicator 以及 IMPACT2002+等。

ReCiPe 模型是由荷兰 PRé 咨询公司和莱顿大学的 CML 共同开发的生命周期评价方法（曹烨等，2018），该模型是在生命周期评价研究中应用最多的模型之一。ReCiPe 模型以 Eco-indicator 99 和 CML 方法为基础，包括 18 种中间点影响类别和 3 种终点环境影响类别，中间点影响类别见附表 2-1。TRACI 方法是美国环境保护署开发的生命周期评价工具，涵盖了 10 类环境影响类型（曹烨等，2018）。CML 模型是荷兰莱顿大学环境研究中心开发的生命周期评价软件，该模型主要包含 10 类环境影响类别，属于中间点类型的评价方法（曹烨等，2018）。Eco-indicator 模型是生命周期评价中应用较早的模型之一，其中 Eco-indicator 95 由 PRé 咨询公司和 CML 等研究团体共同开发（曹烨等，2018）。Eco-indicator 99 方法是由 Goedkoop 等在 Eco-indicator 95 基础上研究出来的。Eco-indicator 99 包括了人类健康（Human health，DALY）、生态系统质量（Ecosystem quality，PDF·m^2·yr）和资源（Resources，MJ surplus）。IMPACT 2002+方法最初是由瑞士联邦技术研究所开发，该方法集合了 Eco-indicator 99、CML 模型以及 IMPACT 2002 模型，其影响评价结果分为 15 种中间点类型与四种终点类型（曹烨等，2018）。中间点环境影响类别见附表 2-1。四种终点类型分别是人类毒性（Human health，DALY）、生态系统质量（Ecosystem quality，PDF·m^2·yr）、气候变化（Climate change，kg CO$_2$ eq）和资源（Resources，MJ primary）。

附表 2-1　　　　　不同生命周期评价方法影响类别

方法	影响类别及单位
ReCiPe	气候变化（Climate change，kg CO$_2$ eq）、臭氧层消耗（Ozone depletion，kg CFC-11 eq）、人类毒性（Human toxicity，kg 1，4-DB eq）、光化学氧化物形成（Photochemical oxidant formation，kg NMVOC）、颗粒物形成（Particulate matter formation，kg PM$_{10}$ eq）、电离辐射（Ionising radiation，kBq U235 eq）、陆地酸性化（Terrestrial acidification，kg SO$_2$ eq）、淡水富营养化（Freshwater eutrophication，kg P eq）、海洋富营养化（Marine eutrophication，kg N eq）、陆地生态毒性（Terrestrial ecotoxicity，kg 1，4-DB eq）、淡水生态毒性（Freshwater ecotoxicity，kg 1，4-DB eq）、海洋生态毒性（Marine ecotoxicity，kg 1，4-DB eq）、农业土地占用（Agricultural land occupation，m^{2}a）、城市土地占用（Urban land occupation，m^{2}a）、自然土地转变（Natural land transformation，m^2）、水资源消耗（Water depletion，m^3）、金属消耗（Metal depletion，kg Fe eq）、化石燃料消耗（Fossil depletion，kg oil eq）

方法	影响类别及单位
TRACI	全球变化（Global warming, kg CO_2 eq）、酸性化（Acidification, kg SO_2 eq）、致癌（Carcinogenics, CTUh）、非致癌（Non carcinogenics, CTUh）、呼吸系统影响（Respiratory effects, kg $PM_{2.5}$ eq）、富营养化（Eutrophication, kg N eq）、臭氧层耗竭（Ozone depletion, kg CFC-11 eq）、生态毒性（Ecotoxicity, CTUe）、光化学烟雾（Smog, kg O_3 eq）、fossil fuel depletion（MJ surplus）
CML	非生物耗竭（Abiotic depletion, kg Sb eq）、酸性化（Acidification, kg SO_2 eq）、富营养化（Eutrophication, kg PO_4^{3-} eq）、气候变化（Global warming, kg CO_2 eq）、臭氧层消耗（Ozone layer depletion, kg CFC-11 eq）、人类毒性（Human toxicity, kg 1, 4-DB eq）、淡水水生生态毒性（Fresh water aquatic ecotoxicity, kg 1, 4-DB eq）、海水水生生态毒性（Marine aquatic ecotoxicity, kg 1, 4-DB eq）、陆地水生生态毒性（Terrestrial ecotoxicity, kg 1, 4-DB eq）、光化学氧化（Photochemical oxidation, kg C_2H_4）
IMPACT 2002+	致癌（Carcinogens, kg C_2H_3Cl eq）、非致癌（Non-carcinogens, kg C_2H_3Cl eq）、可吸入无机（Respiratory inorganics, kg $PM_{2.5}$ eq）、电离辐射（Ionizing radiation, Bq C-14 eq）、臭氧层消耗（Ozone layer depletion, kg CFC-11 eq）、可吸入有机物（Respiratory organics, kg C_2H_4 eq）、水生态毒性（Aquatic ecotoxicity, kg TEG water）、陆地生态毒性（Terrestrial ecotoxicity, kg TEG soil）、陆地酸性化/富营养化（Terrestrial acid/nutria, kg SO_2 eq）、土地占用（Land occupation, m^2 org·arable）、水体酸性化（Aquatic acidification, kg SO_2 eq）、水体富营养化（Aquatic eutrophication, kg PO_4^{3-} P-lim）、全球变暖（Global warming, kg CO_2 eq）、不可再生能源（Non-renewable energy, MJ primary）、矿物开采（Mineral extraction, MJ surplus）

附录3　HX生态经济系统能值评估

本书案例区位于生态环境脆弱的HX，本书选用能值分析法对支撑HX生态经济系统运行的各种资源进行量化并评价其影响及贡献，进而分析HX生态经济系统的运行特点及可持续发展水平，以期为促进HX生态经济系统的可持续发展提供科学依据。

Odum（1996）将能值定义为产品或劳务形成过程中所需的直接和间接的有效能。能值分析中通常借助UEV将不同类别的流（能量、质量和货币等）转化为同一量化单位（太阳能值），进而综合分析与研究系统相关的各种流，从而定量分析所研究系统的结构功能特征。能值货币比率是支撑国家或地区生态经济系统运行的能值投入量与该国家或地区的GDP之比，其可以反映单位货币能够购买的能值财富量。基本公式如下所示：

$$U = \sum_{i=1}^{i=n} U_i = \sum_{i=1}^{i=n} UEV_i \times f_i \quad i = 1, 2, \cdots, n \quad (3\text{-}1)$$

$$EMR = U/GDP \tag{3-2}$$

式中，U 代表支撑研究系统运行的能值总量（sej）；U_i 代表流 i 的能值量（sej）；i 为进入该系统的流（物质流、能量流、货币流等）；f_i 代表进入系统的流 i 的量；UEV_i 代表每单位 i 的能值量（sej/g 或 sej/J 或 sej/元）；EMR 代表区域的能值货币比率（sej/元）；GDP 代表区域当年的国内生产总值（元）。

根据 Odum 创立的能值分析理论，所有与研究系统有关的物质流、能量流以及服务流都可以进行量化，从而量化出支撑区域生态经济系统运行的能值总投入量。区域生态经济系统能值评估可分成以下 4 个步骤进行：

（1）绘制研究区域生态经济系统核算的能值系统图，如附图 3-1；

（2）识别与研究区域生态经济系统相关的主要物质流、能量流及货币流；

（3）对研究区域生态经济系统相关的主要流（物质流、能量流及货币流等）进行归类，编制能值分析表，进行区域生态经济系统能值核算；

（4）量化基于能值的指标，揭示 HX 生态经济系统资源利用现状和可持续发展水平。

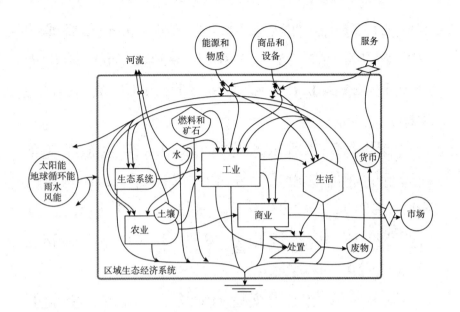

附图 3-1 HX 生态经济系统能值系统

研究收集了 HX 自然地理（面积、海拔、年均降雨量以及年均风速等数据）、经济社会等方面数据进行 HX 生态经济系统能值核算，数据主要源于《青海统计年鉴》、《海西州统计年鉴》、政府报告、HX 自然资源局、HX 统计局以及 HX 商务局等方面。本节选取的 UEV 均来自国内外同行评议的文献，详细信息见附表 3- 1。此外，Brown 等在 2016 年给出了新的能值基准（12.0E+24 seJ/a），并倡导在后续能值研究中采用此基准。因此，本节选取 12.0E+24 seJ/a 作为研究的能值基准，其他不同基准条件下获取的 UEV 均通过系数进行转化，如将以 15.83E+24 seJ/a 为基准的 UEV 乘以系数 0.76（12.0÷15.83=0.76）转化为 12.0 E+24 seJ/a 为基准的 UEV（Chen, et al., 2016）。

如附表 3-2 所示，支撑 HX2014 年生态经济系统运行的能值总投入为 4.49E+24 sej。2014 年 HX 地区 GDP 为 5.12E+10 元（8.34 E+09 美元），继而得到 HX 能值货币比率为 8.76E+13 sej/元（5.38E+14 sej/美元）。

附表 3-2 给出了支持 HX 经济系统的主要能值投入，包括可更新资源能值投入、不可更新资源能值投入和系统外的资源能值投入。能值分析结果显示，2016 年 HX 生态经济系统总能值投入量为 6.69E+24 sej，是 2010 年总能值投入量的 1.94 倍。在 2010—2016 年，总能值投入量呈现出先减少后增加再减少再增加的波动，其中当地不可再生资源的能值投入量呈现出同样的波动趋势，由此可以看出当地不可再生资源的能值投入是支撑 HX 经济系统运行的主要贡献者。HX 不可更新资源能值投入占总能值投入量的 95% 以上，是支撑 HX 经济运行的主要贡献者。研究以 2014 年数据为例进行说明，具体分析如下：

附表 3-1　HX 生态经济系统能值分析基础数据

类别		原始数据							单位
		2010 年	2011 年	2012 年	2013 年	2014 年	2015 年	2016 年	
可更新资源									
	太阳能	1.41E+21	1.41E+21	1.41E+21	1.41E+21	1.41E+21	1.41E+21	1.41E+21	焦
	雨水化学能	2.36E+17	1.48E+17	2.73E+17	1.10E+17	1.69E+17	2.08E+17	2.22E+17	焦
	雨水势能	9.38E+17	5.86E+17	1.08E+18	4.38E+17	6.71E+17	8.24E+17	8.81E+17	焦
	风能	2.32E+17	2.32E+17	1.91E+17	2.32E+17	2.78E+17	2.78E+17	3.31E+17	焦
	地球循环能	3.32E+17	3.32E+17	3.32E+17	3.32E+17	3.32E+17	3.32E+17	3.32E+17	焦
	水力发电	2.54E+15	2.68E+15	2.32E+15	2.79E+15	2.86E+15	2.86E+15	3.04E+15	焦
当地不可更新自然资源									
	表土层损失	6.74E+14	6.93E+14	6.98E+14	7.37E+14	7.44E+14	7.92E+14	8.12E+14	焦
	天然气	4.79E+16	7.68E+16	9.33E+16	9.80E+16	8.73E+16	9.01E+16	9.86E+16	焦
	煤炭	9.21E+16	8.66E+16	1.78E+17	2.38E+17	2.15E+17	2.60E+15	9.26E+16	焦
	石油	5.22E+16	6.74E+16	6.04E+16	8.97E+16	3.06E+16	6.57E+16	6.14E+16	焦
	非金属矿产	3.24E+13	3.94E+13	4.07E+13	4.84E+13	5.72E+13	6.13E+13	6.55E+13	克
	金属矿产	7.18E+12	7.57E+12	8.02E+12	1.13E+13	9.08E+12	8.67E+12	1.14E+13	克
进口及外来资源									
	能源	5.76E+15	6.67E+15	5.56E+14	1.13E+13	1.29E+13	1.03E+16	6.68E+16	焦
	服务	4.06E+07	3.96E+07	1.35E+08	6.90E+07	7.41E+07	3.60E+07	9.26E+06	美元

续表

类别		原始数据							单位
		2010 年	2011 年	2012 年	2013 年	2014 年	2015 年	2016 年	
出口及输出资源	能源	4.93E+17	6.24E+17	5.80E+17	6.31E+17	4.39E+17	3.16E+17	2.36E+17	焦
	服务	1.71E+06	2.67E+06	4.24E+06	5.58E+06	1.26E+07	1.07E+07	2.96E+07	美元
	旅游	8.86E+07	1.39E+08	2.20E+08	3.04E+08	4.07E+08	5.76E+08	8.73E+08	美元

附表 3-2　HX 生态经济系统能值分析

类别		年份							单位
		2010	2011	2012	2013	2014	2015	2016	
可更新资源	太阳能	1.41E+21	1.41E+21	1.41E+21	1.41E+21	1.41E+21	1.41E+21	1.41E+21	sej
	雨水化学能	5.46E+21	3.42E+21	6.32E+21	2.55E+21	3.91E+21	4.80E+21	5.13E+21	sej
	雨水势能	3.32E+22	2.08E+22	3.84E+22	1.55E+22	2.38E+22	2.92E+22	3.12E+22	sej
	风能	4.41E+20	4.41E+20	3.63E+20	4.41E+20	5.29E+20	5.29E+20	6.28E+20	sej
	地球循环能	1.45E+22	1.45E+22	1.45E+22	1.45E+22	1.45E+22	1.45E+22	1.45E+22	sej
	水力发电	2.07E+20	2.18E+20	1.89E+20	2.27E+20	2.32E+20	2.33E+20	2.47E+20	sej
可更新资源能值		3.32E+22	2.08E+22	3.84E+22	1.59E+22	2.38E+22	2.92E+22	3.12E+22	sej

当地不可更新自然资源

续表

类别	年份							单位
	2010	2011	2012	2013	2014	2015	2016	
表土层损失	6.34E+19	6.51E+19	6.56E+19	6.93E+19	6.99E+19	7.44E+19	7.63E+19	sej
天然气	6.43E+21	1.03E+22	1.25E+22	1.32E+22	1.17E+22	1.21E+22	1.32E+22	sej
煤炭	7.06E+21	6.64E+21	1.37E+22	1.83E+22	1.65E+22	2.00E+20	7.10E+21	sej
石油	6.10E+21	7.88E+21	7.06E+21	1.05E+22	3.58E+21	7.68E+21	7.18E+21	sej
非金属矿产	7.65E+22	9.24E+22	9.52E+22	1.13E+23	1.35E+23	1.45E+23	1.55E+23	sej
金属矿产	3.32E+24	2.60E+24	2.28E+24	4.93E+24	4.30E+24	4.40E+24	6.47E+24	sej
小计	3.42E+24	2.71E+24	2.41E+24	5.09E+24	4.46E+24	4.56E+24	6.65E+24	sej
进口及外来资源								
能源	1.23E+21	8.98E+20	5.71E+19	1.32E+18	1.51E+18	1.59E+21	5.45E+21	sej
进口相关服务	6.39E+19	6.15E+19	2.06E+20	1.04E+20	1.10E+20	5.29E+19	1.34E+19	sej
小计	1.30E+21	9.60E+20	2.64E+20	1.06E+20	1.12E+20	1.64E+21	5.46E+21	sej
总能值投入量	3.45E+24	2.74E+24	2.45E+24	5.10E+24	4.49E+24	4.59E+24	6.69E+24	sej
出口及输出资源								
能源	5.13E+22	6.15E+22	5.73E+22	6.11E+22	5.05E+22	3.73E+22	3.08E+22	sej
出口相关服务	5.22E+20	9.80E+20	1.15E+21	2.89E+21	6.78E+21	6.97E+21	2.70E+22	sej
旅游	2.70E+22	5.09E+22	5.98E+22	1.58E+23	2.19E+23	3.74E+23	7.96E+23	sej
小计	7.89E+22	1.13E+23	1.18E+23	2.22E+23	2.76E+23	4.19E+23	8.54E+23	sej

（1）可更新资源。

本书中可更新资源能值流 = max［sum（太阳能、地球循环能）、风能、雨水化学能、雨水势能、水力发电］。

①初级能流。一是太阳能。HX 土地面积 = 3.01E+11 m² （青海省地方志编纂委员会，2017）；太阳辐射 = 6.68E+09 J/m²/a （Lu et al.，2010），折射率 = 0.30；太阳能 = 土地面积×辐射量×（1−折射率）。

二是地球循环能。HX 土地面积 = 3.01E+11 m²（青海省地方志编纂委员会，2017）；热通量 = 1.10E+06 J/m²/a （Liu et al.，2011）；地球循环能 = 土地面积×热通量；UEV = 34377 sej/J （Brown et al.，2001）。

②次级及其他能流。一是风能。HX 土地面积 = 3.01E+11 m²（青海省地方志编纂委员会，2017）；空气密度 = 1.29 kg/m³（Cutnell and Johnson，1995）；2014 年 HX 年均风速 = 1.70 m/s；阻力系数 = 1.00E−03 （Lou and Ulgiati，2013）；地面风速为地转风的 0.6 倍；风能 = 土地面积×空气密度×阻力系数×（地转风）³×平均海拔×重力加速度；UEV = 1496 sej/J （Brown et al.，2001）。

二是雨水化学能。HX 土地面积 = 3.01E+11 m²

（青海省地方志编纂委员会，2017）；HX2014 年降水量 = 0.19 m/a（青海省统计局，2015）；水密度 = 1.00 t/m³；蒸散系数 = 60%（Gao et al.，2007；Lou and Ulgiati，2013）；水的吉布斯自由能 = 4.94E+03 J/kg；雨水化学能 = 土地面积×年降水量×蒸散系数×水密度×吉布斯自由能；UEV = 18199 sej/J（Brown and Bardi，2001）。

三是雨水势能。HX 土地面积 = 3.01E+11 m²（青海省地方志编纂委员会，2017）；HX2014 年降水量 = 0.19 m/a（青海省统计局，2015）；平均海拔 = 3000 m（青海省地方志编纂委员会，2017）；水密度 = 1.00 t/m³；径流系数 = 40%（Gao et al.，2007；Lou and Ulgiati，2013）；雨水势能 = 土地面积×年降水量×径流系数×水密度×平均海拔×重力加速度；UEV = 27874 sej/J（Brown and Bardi，2001）。

四是水力发电。HX 水利发电量数据由统计局提供，2014 年水利发电量 = 7.93E+08 kWh；UEV = 1.03E+05 sej/J（庞明月等，2014）。

（2）当地不可更新资源投入。

①分散的自然资源（本书中为表土层损失）。HX 耕地面积由 HX 统计局提供，2014 年 HX 耕地面积 = 4.37E+08 m²；有机质能量含量 = 5.40 kcal/g；土壤侵蚀率 = 2510 g/m²/a（根据青海省水利厅

数据整理）；土壤中有机质平均含量 = 0.03（Lou and Ulgiati，2013）；损失土壤中有机质能量 = 耕地面积×土壤侵蚀率×土壤有机质含量×有机质能量含量；UEV = 74000 sej/J（Brown and Bardi，2001）。

②集约使用的自然资源。一是天然气。HX 天然气产量数据由 HX 统计局提供，2014 年 HX 天然气产量 = 6.89E+09 m³；2014 年 HX 天然气输出量 = 4.65E+09 m³；天然气平均低位发热量 3.89E+07 J/m³；天然气能量 =（天然气产量－天然气输出量）×天然气平均低位发热量；UEV = 1.70E+05 sej/J（Brown et al.，2011）。

二是原煤。HX 原煤数据由 HX 统计局提供，2014 年 HX 原煤产量 = 1.42E+10 kg；2014 年 HX 原煤输出量 = 3.94E+09 kg；煤炭平均低位发热量 = 2.09E+07 J/kg；煤炭能量 =（煤炭产量－煤炭输出量）×煤炭平均低位发热量；UEV = 9.71E+04 sej/J（Brown et al.，2011）。

三是原油。HX 原油产量数据由 HX 统计局提供，2014 年 HX 原油产量 = 2.20E+09 kg；2014 年 HX 天然气原油输出量 = 1.47E+09 kg；原油平均低位发热量 = 4.18E+07 J/kg；原油能量 =（原油产量－原油输出量）×原油平均低位发热量；UEV =

1.48E+05 sej/J（Brown et al.，2011）。

四是非金属矿产资源。HX 非金属矿产资源产量数据由 HX 自然资源局提供，具体如附表 3-3。

附表 3-3　　　　　　　　非金属矿产资源 UEV 权重值

	数量[a]$_{2014}$（g）	UEV$_{修正}$（sej/g）	能值（sej）
钾盐	4.81E+13	2.40E+09（Lou and Ulgiati，2013）	1.15E+23
石灰石	2.78E+12	2.40E+09（Lou and Ulgiati，2013）	6.69E+21
砂石	1.12E+11	1.42E+09（Brown and Buranakarn，2003）	1.59E+20
石棉	3.25E+12	1.82E+09（Loua and Ulgiati，2013）	5.93E+21
盐矿	3.01E+12	2.40E+09（Lou and Ulgiati，2013）	7.23E+21
合计	5.72E+13		1.35E+23
权重值$_{2014}$		2.37E+09	

注：a 输出数据不可得，故为产量数据。

五是金属矿产资源。HX 历年金属矿产资源产量数据由 HX 自然资源局提供，具体如附表 3-4 所示。

附表 3-4　　　　　　　　金属矿产资源 UEV 权重值

	数量[a]$_{2014}$（g）	UEV$_{修正}$（sej/g）	能值（sej）
铁矿	2.00E+12	9.12E+09（Lou and Ulgiati，2013）	1.83E+22
锰矿	6.90E+10	2.66E+11（Lou and Ulgiati，2013）	1.84E+22
铜矿	3.70E+10	7.45E+10（Cohen et al.，2007）	2.76E+21
铅矿	9.79E+11	3.65E+11（Lou and Ulgiati，2013）	3.57E+23
锌矿	0	5.47E+10（Lou and Ulgiati，2013）	0

续表

	数量$^{a}_{2014}$（g）	UEV$_{修正}$（sej/g）	能值（sej）
锑矿	1.20E+09	1.29E+12（Lou and Ulgiati, 2013）	1.55E+21
金矿	9.89E+11	3.80E+11（Cohen et al., 2007）	3.76E+23
锂矿	5.00E+12	7.05E+11（Lou and Ulgiati, 2013）	3.52E+24
合计	9.08E+12		4.30E+24
权重值$_{2014}$		4.73E+11	

注：a 代表输出数据不可得，故为产量数据。

（3）进入 HX 的能源。

该部分包括进口以及调入 HX 的能源，历年能源数据由 HX 统计局提供，具体如附表 3-5 所示。

附表 3-5　　　进口以及调入 HX 的能源 UEV 权重值

	数量$_{2014}$	能量含量（焦/unit）	能量（焦）	UEV$_{修正}$（sej/unit）	能值（sej）
原煤（kg）	0	2.09E+07	0	7.67E+04（Brown et al., 2011）	0
洗精煤（kg）	0	2.63E+07	0	7.67E+04（Brown et al., 2011）	0
其他洗煤（kg）	0	8.36E+06	0	7.67E+04（Brown et al., 2011）	0
焦炭（kg）	0	2.84E+07	0	8.36E+04（Liu et al., 2011）	0
煤油（kg）	0	4.31E+07	0	1.45E+05（Liu et al., 2011）	0
其他油制品^{a}（kg）	3.08E+05	4.18E+07	1.29E+13	1.17E+05（Brown et al., 2011）	1.51E+18
电力（kWh）	0	3.60E+06	0	4.04E+05（Brown et al., 2012）	0
合计			1.29E+13		1.51E+18
权重值$_{2014}$				1.17E+05	

注：a 表示取原油的 UEV。

（4）输出 HX 的能源。

历年能源数据由 HX 统计局提供，具体如附表 3-6 所示。

附表 3-6　　　　　　　　　输出 **HX** 的能源 UEV 权重值

	数量_{2014}	能量含量（焦/unit）	能量（焦）	UEV_{修正}（sej/unit）	能值（sej）
天然气（m³）	4.65E+09	3.89E+07	1.81E+17	1.34E+05（Brown et al.，2011）	2.43E+22
原煤（kg）	3.94E+09	2.09E+07	8.23E+16	7.67E+04（Brown et al.，2011）	6.31E+21
原油（kg）	1.47E+09	4.18E+07	6.14E+16	1.44E+05（Brown et al.，2011）	8.82E+21
洗精煤[a]（kg）	1.97E+09	2.63E+07	5.20E+16	7.67E+04（Brown et al.，2011）	3.99E+21
焦炭（kg）	1.11E+09	2.84E+07	3.14E+16	8.36E+04（Liu et al.，2011）	2.63E+21
汽油（kg）	4.16E+08	4.31E+07	1.79E+16	1.48E+05（Brown et al.，2011）	2.65E+21
柴油（kg）	1.93E+08	4.27E+07	8.25E+15	1.43E+05（Brown et al.，2011）	1.18E+21
燃料油（kg）	3.46E+07	4.18E+07	1.45E+15	8.36E+04（Liu et al.，2011）	1.21E+20
液化石油气（kg）	5.08E+07	5.02E+07	2.55E+15	1.34E+05（Brown et al.，2011）	3.42E+20
其他油制品[b]（kg）	2.70E+07	4.18E+07	1.13E+15	1.17E+05（Brown et al.，2011）	1.32E+20
电力（kWh）	0	3.60E+06	0	4.04E+05（Brown et al.，2012）	0
合计			4.39E+17		5.05E+22
权重值_{2014}				1.15E+05	

注：a 表示取原煤的 UEV；b 表示取原油的 UEV。

（5）与进/出口相关的服务及旅游。

进口相关服务的能值＝进口总额×全球能值货币比率

出口及输出资源不直接被 HX 使用，得到的资金回流间接支持 HX 发展。因此，在能值理论中，出口及输出的能值不计入能值总投入（蓝盛芳等，2002）：

出口相关服务的能值＝出口总额×HX 能值货币比率

旅游活动虽发生在 HX 内，但该活动以向外提供服务而获取货币的形式支撑 HX 生态经济系统运行，因此研究中将旅游纳入出口类别：

旅游的能值＝旅游收入×HX 能值货币比率

其中，HX 历年进口／出口数据由 HX 商务局提供、历年旅游收入可由 HX 统计局提供的《海西州统计年鉴》获取，具体数值如下：

HX2014 年进口总额＝7412 万美元，同年出口总额＝1259 万美元，旅游外汇收入 112.5 万美元，国内旅游收入 249320 万元。

参考文献

安玉：《矿产资源型产业发展循环经济的制约因素分析》，硕士学位论文，内蒙古财经学院，2010年。

曹新元：《我国矿产资源核算及其结果分析应用》，《国土资源情报》2005年第2期。

曹烨等：《环境管理生命周期评价技术的基本范畴及其适用局限性浅析》，《科技导报》2018年第8期。

曹孜等：《我国循环经济效率及影响因素分析》，《统计与决策》2013年第11期。

陈超：《基于能值分析的区域绿色GDP核算研究》，硕士学位论文，大连理工大学，2007年。

陈芳芳等：《黄金冶炼生产工艺现状及发展》，《中国有色冶金》2011年第1期。

陈伟：《深层卤水开采生命周期环境与经济集成评价》，硕士学位论文，山东大学，2015年。

陈孝劲：《矿产资源开发环境补偿机制研究——以紫金矿业为例》，博士学位论文，中国地质大学（北京），2011 年。

崔娜：《矿产资源开发补偿税费政策研究》，博士学位论文，中国地质大学（北京），2012 年。

戴茂华：《中国稀有金属矿产资源开发的生态补偿机制和政策研究》，《生态经济》2013 年第10 期。

党永年：《青海省海西州太阳能光伏发电现状分析》，《青海师范大学学报》（自然科学版）2012 年第 4 期。

顿耀龙等：《基于灰色模型预测的矿区生态系统服务价值变化研究——以山西省平朔露天矿区为例》，《资源科学》2015 年第 3 期。

范超等：《基于使用者成本法的黄河三角洲石油资源价值折耗分析》，《资源科学》2011 年第4 期。

范允奇、王文举：《欧洲碳税政策实践对比研究与启示》，《经济学家》2012 年第 7 期。

冯聪：《边疆民族地区矿产资源开发生态补偿模式及运行机制研究》，博士学位论文，中国地质大学（北京），2016 年。

冯俊：《环境资源价值核算与管理研究》，博士学位论文，华南理工大学，2009 年。

高彩玲等：《煤炭资源开采的生态补偿概念剖析》，《中国矿业》2008 年第 5 期。

高明辉等：《矿产资源损失价值核算及实例研究》，《中国矿业》2007 年第 1 期。

高彤：《矿产资源开发的生态补偿机制探讨——以庆阳地区石油开发为例》，《环境保护》2007 年第 7 期。

龚先政等：《中国材料生命周期分析数据库开发及应用》，《中国材料进展》2011 年第 8 期。

国家统计局能源统计司：《中国能源统计年鉴（2017）》，中国统计出版社 2017 年版。

郭映义：《我国西部欠发达地区发展循环经济的必要性分析——以青海省为例》，《生态经济》2005 年第 7 期。

海西州统计局：《海西州统计年鉴（2014）》，青海民族出版社 2015 年版。

韩君：《生态环境质量约束条件下能源资源性产品定价机制研究》，博士学位论文，兰州大学，2014 年。

韩卫平：《论生态补偿立法体例》，《环境与可持续发展》2018 年第 1 期。

胡锦涛：《坚定不移沿着中国特色社会主义道

路前进　为全面建成小康社会而奋斗》，http：//theory. people. com. cn/n/2012/1109/c40531-19530582-1. html，2012.

黄馨缘：《朝阳市矿产资源生态补偿问题与对策研究》，硕士学位论文，大连理工大学，2015 年。

黄智晖、谷树忠：《水资源定价方法的比较研究》，《资源科学》2002 年第 3 期。

鞠建华等：《新时代中国矿业高质量发展研究》，《中国矿业》2019 年第 1 期。

蓝盛芳、钦佩：《生态系统的能值分析》，《应用生态学报》2001 年第 1 期。

蓝盛芳等：《生态经济系统能值分析》，化学工业出版社 2002 年版。

李保杰等：《徐州市贾汪矿区土地利用变化及其对生态系统服务价值的影响》，《生态科学》2015 年第 5 期。

李长亮：《西部地区生态补偿机制构建研究》，中国社会科学出版社 2013 年版。

李国平、郭江：《基于 CVM 的榆林煤炭矿区生态环境破坏价值损失研究——以神木县、府谷县和榆阳区为调研区域》，《干旱区资源与环境》2012 年第 3 期。

李国平、杨洋：《中国煤炭和石油天然气开发中的使用者成本测算与价值补偿研究》，《中国地质大学学报》（社会科学版）2009 年第 5 期。

李国平、张海莹：《煤炭资源开采中的外部成本与应交税费比较》，《经济学家》2011 年第 1 期。

李国平等：《生态补偿的理论标准与测算方法探讨》，《经济学家》2013 年第 2 期。

李海东等：《中国矿区土地退化因素调查：概念、类型与方法》，《生态与农村环境学报》2015 年第 4 期。

李海东等：《西部矿产资源开发的生态环境损害与监管》，《生态与农村环境学报》2016 年第 3 期。

李克国：《对生态补偿政策的几点思考》，《中国环境管理干部学院学报》2007 年第 1 期。

李丽等：《生态系统服务价值评估方法综述》，《生态学杂志》2018 年第 4 期。

李亮、王珊珊：《对我国黄金资源税立法的若干思考》，《国土资源情报》2018 年第 9 期。

李仁发：《贵州矿产资源开发生态补偿机制研究》，硕士学位论文，贵州财经大学，2011 年。

梁亚民、韩君：《能源资源定价机制理论与方法研究》，《甘肃社会科学》2015 年第 6 期。

刘耕源：《生态系统服务功能非货币量核算研

究》，《生态学报》2018年第4期。

刘耕源、杨志峰：《能值分析理论与实践——生态经济学核算与城市绿色管理》，科学出版社2018年版。

刘孙丹：《基于生态系统服务功能评价的矿区生态补偿机制研究》，硕士学位论文，云南财经大学，2013年。

刘文婧：《基于能值理论的稀土产品全生命周期价值评价研究》，硕士学位论文，中国科学院大学，2016年。

刘文婧等：《基于文献计量学及网络分析的能值研究综述》，《中国农业大学学报》2016年第10期。

刘夏璐等：《中国生命周期参考数据库的建立方法与基础模型》，《环境科学学报》2010年第10期。

刘心占：《论陕北神木煤炭矿区生态环境损失计价与补偿制度》，《知识经济》2010年第17期。

卢元清：《基于损益分析的矿区生态补偿机制研究——以平朔矿区为例》，硕士学位论文，中国地质大学（北京），2015年。

吕吉贤：《矿田地质分类研究》，《地质前缘》2015年第4期。

马国霞等：《基于矿产资源价值核算的中国真实国民储蓄及其区域分异》，《自然资源学报》2009 年第 1 期。

马茁卉、范振林：《矿产资源税征收演化历程及效果评价》，《矿产保护与利用》2018 年第 4 期。

倪维秋：《生态系统服务评估方法和研究进展》，《农村经济与科技》2017 年第 23 期。

聂祚仁等：《材料生命周期的评价研究》，《材料导报》2009 年第 7 期。

潘竟虎：《甘肃省区域生态补偿标准测度》，《生态学杂志》2014 年第 12 期。

潘小川等：《$PM_{2.5}$ 的健康危害和经济损失评估研究》，中国环境科学出版社 2012 年版。

庞明月等：《基于生态能量视角的我国小水电可持续性分析》，《生态学报》2014 年第 3 期。

普传杰等：《矿业开发与生态环境问题思考》，《中国矿业》2004 年第 6 期。

亓聪聪：《我国湿法冶锌制备生命周期评价》，硕士学位论文，山东大学，2018 年。

青海省地方志编纂委员会：《青海年鉴（2017）》，青海年鉴社 2017 年版。

青海省统计局：《青海统计年鉴（2015）》，中国统计出版社 2015 年版。

青海省统计局：《青海统计年鉴（2022）》，中国统计出版社 2022 年版。

任海兵等：《矿产资源价值及其思考》，《中国矿业》2008 年第 9 期。

单兰波：《淮南市煤炭资源开发生态补偿研究》，硕士学位论文，合肥工业大学，2008 年。

邵长龙：《我国矿产资源开发补偿机制研究——以新疆为例》，博士学位论文，中国地质大学（北京），2010 年。

沈丽等：《基于生态劳动价值论的资源性产品价值研究》，《中国人口·资源与环境》2010 年第 11 期。

沈友华、徐成文：《我国矿产资源生态补偿立法现状与完善》，《中国林业经济》2018 年第 1 期。

师红聪：《生态环境补偿机制下矿产资源价值评估与管理研究——以云南省矿产资源为例》，博士学位论文，中国地质大学（武汉），2013 年。

宋蕾：《矿产开发生态补偿理论与计征模式研究》，博士学位论文，中国地质大学（北京），2009 年。

宋丽颖、王琰：《公平视角下矿产资源开采收益分享制度研究》，《中国人口·资源与环境》2016 年第 1 期。

陶建格、沈镭：《矿产资源价值与定价调控机制研究》，《资源科学》2013 年第 10 期。

王安建等：《能源和矿产资源消费增长的极限与周期》，《地球学报》2017 年第 1 期。

王长波等：《生命周期评价方法研究综述——兼论混合生命周期评价的发展与应用》，《自然资源学报》2015 年第 7 期。

王鹏等：《基于能值分析的宁夏生态经济系统可持续发展评价》，《生态经济》2018 年第 1 期。

王玉涛等：《中国生命周期评价理论与实践研究进展及对策分析》，《生态学报》2016 年第 22 期。

魏国印：《完善我国生态补偿机制的思考》，《中国经贸导刊》2009 年第 16 期。

魏永春：《浅论矿产资源价值的理论内涵》，《中国地质矿产经济》2002 年第 6 期。

温家宝：《关于制定国民经济和社会发展第十一个五年规划建议的说明》，http：//www. gov. cn/gongbao/content/2005/content_121428. htm，2005。

吴强：《矿产资源开发环境代价及实证研究》，博士学位论文，中国地质大学（北京），2008 年。

肖玉等：《莽措湖流域生态系统服务功能经济价值变化研究》，《应用生态学报》2003 年第 5 期。

谢高地等：《青藏高原生态资产的价值评估》，《自然资源学报》2003 年第 2 期。

谢高地等：《一个基于专家知识的生态系统服务价值化方法》，《自然资源学报》2008 年第 5 期。

谢高地等：《基于单位面积价值当量因子的生态系统服务价值化方法改进》，《自然资源学报》2015 年第 8 期。

幸绣程等：《基于单位面积价值当量因子法的西部天保工程区生态服务价值测算——以西部六省份为例》，《生态经济》2017 年第 9 期。

熊进光、徐丽嫒：《我国生态税实现生态补偿的法律思考》，《税务研究》2013 年第 7 期。

许国成等：《青海省绿色矿业发展的问题及对策研究》，《中国国土资源经济》2018 年第 2 期。

闫慧敏等：《自然资源资产负债的界定及其核算思路》，《资源科学》2018 年第 5 期。

杨建新：《产品生命周期评价方法及应用》，气象出版社 2002 年版。

杨建新等：《中国产品生命周期影响评价方法研究》，《环境科学学报》2001 年第 2 期。

杨青等：《天然石墨矿及球形石墨价值的能值核算》，《生态学杂志》2017 年第 9 期。

杨荣金等：《柴达木盆地生态环境保护战略与

对策》,《科技导报》2017 年第 6 期。

叶知年:《论我国生态文明建设中自然资源法制创新》,《福州大学学报》(哲学社会科学版) 2016 年第 5 期。

袁卫民:《循环经济产业体系发展思路研究——以青海省柴达木循环经济试验区为例》,《企业经济》2013 年第 6 期。

张丽君等:《基于 EMA-MFA 核算的县域绿色 GDP 及空间分异——以河南省为例》,《自然资源学报》2013 年第 3 期。

张攀:《复合产业生态系统能值分析评价和优化研究》,博士学位论文,大理理工大学,2011 年。

张平等:《生态补偿机制中的企业责任研究》,《气象与环境科学》2009 年第 3 期。

张思锋、杨潇:《煤炭开采区生态补偿标准体系的构建与应用》,《中国软科学》2010 年第 8 期。

张新华等:《新疆矿产资源开发效应及其对利益相关者的影响》,《资源科学》2011 年第 3 期。

赵晟等:《中国红树林生态系统服务的能值价值》,《资源科学》2007 年第 1 期。

郑栋升等:《基于能值理论和生态服务价值的重庆市生态 GDP 核算》,《重庆师范大学学报》(自然科学版)2018 年第 4 期。

郑爽、孙峥:《论碳交易试点的碳价形成机制》,《中国能源》2017 年第 4 期。

中国黄金协会:《中国黄金年鉴（2017）》,中国冶金出版社 2017 年版。

中国矿业年鉴编辑部:《中国矿业年鉴（2009）》,地震出版社 2010 年版。

中国矿业年鉴编辑部:《中国矿业年鉴（2010）》,地震出版社 2011 年版。

中国矿业年鉴编辑部:《中国矿业年鉴（2011）》,地震出版社 2012 年版。

中国矿业年鉴编辑部:《中国矿业年鉴（2012）》,地震出版社 2013 年版。

中国矿业年鉴编辑部:《中国矿业年鉴（2013）》,地震出版社 2014 年版。

中国矿业年鉴编辑部:《中国矿业年鉴》（2014—2015）,地震出版社 2016 年版。

中国矿业年鉴编辑部:《中国矿业年鉴》（2016—2017）,地震出版社 2019 年版。

中华人民共和国国家发展和改革委员会:《发改委解读:健全生态保护补偿机制　促进生态文明制度建设》, http://www.gov.cn/zhengce/2016 - 05/24/content_5076185.htm, 2016.

中华人民共和国国家发展和改革委员会:《国家

发展改革委出台关于创新和完善促进绿色发展价格机制的意见》，http：//www. gov. cn/xinwen/2018 - 07/02/content_5302737. htm，2018.

中华人民共和国国家统计局：《中国统计年鉴（2010）》，中国统计出版社 2010 年版。

中华人民共和国国家统计局：《中国统计年鉴（2018）》，中国统计出版社 2018 年版。

中华人民共和国国家统计局：《中华人民共和国 2021 年国民经济和社会发展统计公报》，http：// www. stats. gov. cn/xxgk/sjfb/zxfb2020/202202/t2022 0228_1827971. html，2022.

中华人民共和国国务院：《国务院关于全面整顿和规范矿产资源开发秩序的通知》，http：// www. gov. cn/zwgk/2005 - 09/23/content_69361. htm，2005.

中华人民共和国国务院：《国务院关于印发全国资源型城市可持续发展规划（2013—2020 年）的通知》，http：//www. gov. cn/zfwj/2013 - 12/03/ content_2540070. htm，2013.

中华人民共和国国务院办公厅：《国务院办公厅关于健全生态保护补偿机制的意见》，http：// www. gov. cn/zhengce/content/2016 - 05/13/content_ 5073049. htm，2016.

中华人民共和国自然资源部：《中国矿产资源报告（2021）》，地质出版社 2021 年版。

中华人民共和国自然资源部：《中国矿产资源报告（2022）》，地质出版社 2022 年版。

朱九龙、陶晓燕：《矿产资源开发区生态补偿理论研究综述》，《资源与产业》2016 年第 2 期。

朱学义：《矿产资源权益理论与应用研究》，社会科学文献出版社 2008 年版。

Bienabe E. , Hearne R. , "Public Preferences for Biodiversity Conservation and Scenic Beauty within a Framework of Environmental Services Payments", *Forest Policy and Economics*, Vol. 9, No. 4, 2006.

Brainard J. et al. , "The Social Value of Carbon Sequestered in Great Britain's Woodlands", *Ecological Economics*, Vol. 68, No. 4, 2009.

Brown M. , Bardi E. , *Handbook of Emergy Evaluation: A Compendium of Data for Emergy Computation Issued in a Series of Folios*, *Folio*, Gainesville, FL, USA: Center for Environmental Policy, Environmental Engineering Sciences, University of Florida, 2001.

Brown M. , Buranakarn V. , "Emergy Indices and Ratios for Sustainable Material Cycles and Recycle Options", *Resources, Conservation and Recycling*, Vol. 38,

No. 1, 2003.

Brown M., Ulgiati S., "Updated Evaluation of Exergy and Emergy Driving the Geobiosphere: A Review and Refinement of the Emergy Baseline", *Ecological Modelling*, Vol. 221, No. 20, 2010.

Brown M., Ulgiati S., "Assessing the Global Environmental Sources Driving the Geobiosphere: A Revised Emergy Baseline", *Ecological Modelling*, Vol. 339, 2016.

Brown M. et al., "Assessing Geobiosphere Work of Generating Global Reserves of Coal, Crude Oil, and Natural Gas", *Ecological Modelling*, Vol. 222, No. 3, 2011.

Brown M. et al., "On Boundaries and 'Investments' in Emergy Synthesis and LCA: A Case Study on Thermal vs. Photovoltaic Electricity", *Ecological Indicators*, Vol. 15, No. 1, 2012.

Brown M. et al., "The Geobiosphere Emergy Baseline: A Synthesis", *Ecological Modelling*, Vol. 339, No. 10, 2016.

Campbell D., "Emergy Baseline for the Earth: A Historical Review of the Science and a New Calculation", *Ecological Modelling*, Vol. 339, No. 10, 2016.

Chen W. et al. , "Pollutants Generated by Cement Production in China, Their Impacts, and the Potential for Environmental Improvement", *Journal of Cleaner Production*, Vol. 103, 2015.

Chen W. et al. , "Environmental Impact Assessment of Monocrystalline Silicon Solar Photovoltaic Cell Production: A Case Study in China", *Journal of Cleaner Production*, Vol. 112, 2016.

Chen W. et al. , "Life Cycle Based Emergy Analysis on China's Cement Production", *Journal of Cleaner Production*, Vol. 131, 2016.

Chen W. et al. , "Life Cycle Assessment of Antibiotic Mycelial Residues Management in China", *Renewable & Sustainable Energy Reviews*, Vol. 79, 2017.

Chen W. et al. , "Recent Progress on Emergy Research: A Bibliometric Analysis", *Renewable & Sustainable Energy Reviews*, Vol. 73, 2017.

Chen W. et al. , "Emergy Based Sustainability Evaluation for Yunnan Province, China", *Journal of Cleaner Production*, Vol. 162, 2017.

Chen W. et al. , "An Emergy Accounting Based Regional Sustainability Evaluation: A Case of Qinghai in China", *Ecological Indicators*, Vol. 88, 2018.

Chen W. et al. , "Life Cycle Assessment of Potash Fertilizer Production in China", *Resources, Conservation and Recycling*, Vol. 138, 2018.

Chen W. et al. , "Life Cycle Assessment of Gold Production in China", *Journal of Cleaner Production*, Vol. 179, 2018.

Christie M. et al. , "Valuing Marine and Coastal Ecosystem Service Benefits: Case Study of St Vincent and the Grenadines' Proposed Marine Protected Areas", *Ecosystem Services*, Vol. 11, 2015.

Cohen J. , Amon J. , "Lead Poisoning in China: A Health and Human Rights Crisis", *Health and Human Rights*, Vol. 14, No. 2, 2012.

Cohen M. et al. , "Computing the Unit Emergy Value of Crustal Elements" //Brown M. et al. , "*Theory and Applications of the Emergy Methodology*", Gainesville, FL: University of Florida, 2007.

Costanza R. et al. , "The Value of the World's Ecosystem Services and Natural Capital", *Nature*, Vol. 387, 1997.

Costanza R. et al. , "Twenty Years of Ecosystem Services: How Far Have We Come and How Far Do We Still Need to Go?", *Ecosystem Services*, Vol. 28, 2017.

Cui X. et al. , "Environmental Impact Assessment of Three Coal-Based Electricity Generation Scenarios in China", *Energy*, Vol. 45, No. 1, 2012.

Cutnell J. , Johnson K. , *Physics*, 3rd edition, New York: Wiley, 1995.

Czúcz B. et al. , "Where Concepts Meet the Real World: A Systematic Review of Ecosystem Service Indicators and Their Classification Using CICES", *Ecosystem Services*, Vol. 29, 2018.

Daily G. , "*Nature's Services: Societal Dependence on Natural Ecosystems*", Washington DC: Island Press, 1997.

Frélichová J. et al. , "Integrated Assessment of Ecosystem Services in the Czech Republic", *Ecosystem Services*, Vol. 8, 2014.

Frimmel H. , "Earth's Continental Crustal Gold Endowment", *Earth and Planetary Science Letters*, Vol. 267, No. 1-2, 2008.

Gao G. et al. , "Trend of Estimated Actual Evapotranspiration over China during 1960-2002", *Journal of Geophysical Research: Atmospheres*, Vol. 112, 2007.

Geng Y. et al. , "Emergy Analysis of an Industrial Park: The Case of Dalian, China", *Science of the To-*

tal Environment, Vol. 408, No. 22, 2010.

Geng Y. et al. , "Measuring China's Circular Economy", *Science*, Vol. 339, No. 6127, 2013.

Geng Y. et al. , "How to Globalize the Circular Economy", *Nature*, Vol. 565, 2019.

Goedkoop M. et al. , *"A Life Cycle Impact Assessment Method which Comprises Harmonised Category Indicators at the Midpoint and the Endpoint Level"*, First edition Report I: Characterization, 2009.

Guo B. et al. , "Investigating Public Awareness on Circular Economy in Western China: A Case of Urumqi Midong", *Journal of Cleaner Production*, Vol. 142, 2017.

Hamilton J. , *Understanding Crude Oil Prices*, California: National Bureau of Economic Research, 2008.

Hannon B. , "Ecological Pricing and Economic Efficiency", *Ecological Economics*, Vol. 36, No. 1, 2001.

He J. et al. , "An Integrated Data Envelopment Analysis and Emergy-Based Ecological Footprint Methodology in Evaluating Sustainable Development, a Case Study of Jiangsu Province, China", *Ecological Indica-*

tors, Vol. 70, 2016.

Hong J. et al., "Life Cycle Assessment of Four Municipal Solid Waste Management Scenarios in China", *Waste Management*, Vol. 30, No. 11, 2010.

Hong J. et al., "Life Cycle Assessment of Caustic Soda Production: A Case Study in China", *Journal of Cleaner Production*, Vol. 66, 2014.

Hotelling H., "A General Mathematical Theory of Depreciation", *Journal of the American Statistical Association*, Vol. 20, 1925.

Ingwersen W., "Emergy as a Life Cycle Impact Assessment Indicator", *Journal of Industrial Ecology*, Vol. 15, No. 4, 2011.

ISO 14040, "Environmental Management - Life Cycle Assessment - Principles and Framework", *International Standard Organization*, https://www.iso.org/standard/37456.html, 2006.

Jiang S. et al., "Pyrite Re-Os Isotope Systematics at the Zijinshan Deposit of SW Fujian, China: Constraints on the Timing and Source of Cu-Au Mineralization", *Ore Geology Reviews*, Vol. 80, 2017.

Jiang W., "Ecosystem Services Research in China: A Critical Review", *Ecosystem Services*, Vol. 26,

2017.

Jim C. , Chen W. , "Assessing the Ecosystem Service of Air Pollutant Removal by Urban Trees in Guangzhou (China)", *Journal of Environmental Management*, Vol. 88, No. 4, 2008.

Johst K. et al. , "An Ecological-Economic Modelling Procedure to Design Compensation Payments for the Efficient Spatio-Temporal Allocation of Species Protection Measures", *Ecological Economics*, Vol. 41, No. 1, 2002.

Kindu M. et al. , "Changes of Ecosystem Service Values in Response to Land Use-Land Cover Dynamics in Munessa-Shashemene Landscape of the Ethiopian Highlands", *Science of the Total Environment*, Vol. 547, 2016.

Lin B. et al. , "Resource Tax Reform: A Case Study of Coal from the Perspective of Resource Economics", *Social Sciences in China*, Vol. 33, No. 3, 2012.

Liu G. et al. , "Monitoring Trends of Urban Development and Environmental Impact of Beijing, 1999-2006", *Science of the Total Environment*, Vol. 409, No. 18, 2011.

Lou B. , Ulgiati S. , "Identifying the Environmental Support and Constraints to the Chinese Economic Growth-an Application of the Emergy Accounting Method", *Energy Policy*, Vol. 55, 2013.

Lou B. et al., "Emergy-Based Indicators of Regional Environmental Sustainability: A Case Study in Shanwei, Guangdong, China", *Ecological Indicators*, Vol. 57, 2015.

Lu Y. et al., "Solar Radiation Modeling Based on Stepwise Regression Analysis in China", *Journal of Remote Sensing*, Vol. 14, No. 5, 2010.

Martínez A. et al., "Comparing the Earth's Mineral Wealth from the Point of View of Emergy and Exergetic Cost Analysis" // Brown M., Bardi E., et al., *"Theory and Applications of the Emergy Methodology"*, Gainesville, FL: University of Florida, 2007.

McDowall W. et al., "Circular Economy Policies in China and Europe", *Journal of Industrial Ecology*, Vol. 21, No. 3, 2017.

Millennium Ecosystem Assessment, "*Ecosystems and Human Well-being: Synthesis*", Washington DC: Island Press, 2005.

Mlambo L., "Accounting for the Depletion of Mineral Resources in Zimbabwe Using the User Cost

Approach: A Case Study of the Gold Sector", *Global Conference on Business and Finance Proceedings*, Vol. 5, No. 2, 2010.

Moran D. et al., "Quantifying Public Preferences for Agri-Environmental Policy in Scotland: A Comparison of Methods", *Ecological Economics*, Vol. 63, No. 1, 2007.

NEAD, National Environmental Accounting Database V2.0, http://www.emergy-nead.com/home, 2019.

Ninan K., Inoue M., "Valuing Forest Ecosystem Services: Case Study of a Forest Reserve in Japan", *Ecosystem Services*, Vol. 5, 2013.

Odum H., "*Environmental Accounting: Emergy and Environmental Decision Making*", New York: Wiley, 1996.

Odum H., Odum E., "*Modeling for all Scales: An Introduction to System Simulation*", New York: Academic Press, 2000.

Peralta A., "*Development of a Cost Estimation Model for Mine Losure*", Doctoral dissertation, United States: Colorado School of Mines, 2007.

Plantinga A. et al., "The Supply of Land for Conservation Uses: Evidence from the Conservation Reserve Program", *Resources, Conservation and Recycling*, Vol. 31, No. 3, 2001.

Rugani B. et al., "Solar Energy Demand (SED) of Commodity Life Cycles", *Environmental Science & Technology*, Vol. 45, 2011.

Serafy E., "*The Proper Calculation of Income from Depletable Natural Resources*", Washington DC: In Environmental Accounting for Sustainable Development, A UNEP-World Bank Symposium, The World Bank, 1989.

Shao S. et al., "Uncovering Driving Factors of Carbon Emissions from China's Mining Sector", *Applied Energy*, Vol. 166, No. 15, 2016.

Sharma B. et al., "The Economic Value of Wetland Ecosystem Services: Evidence from the Koshi Tappu Wildlife Reserve, Nepal", *Ecosystem Services*, Vol. 12, 2015.

Sun C. et al., "The Marine Ecosystem Services Values for China Based on the Emergy Analysis Method", *Ocean & Coastal Management*, Vol. 161, No. 1, 2018.

Turcato C. et al., "Matsucoccus Bast Scale in Pinus Pinaster Forests: A Comparison of Two Systems by Means of Emergy Analysis", *Journal of Cleaner Production*, Vol. 96, No. 1, 2015.

Vassallo P. et al. , "Assessing the Value of Natural Capital in Marine Protected Areas: A Biophysical and Trophodynamic Environmental Accounting Model", *Ecological Modelling*, Vol. 355, No. 10, 2017.

Wang X. et al. , "Sustainability Evaluation of Recycling in Agricultural Systems by Emergy Accounting", *Resources, Conservation and Recycling*, Vol. 117, 2017.

Weidema B. , Wesnaes M. , "Data Quality Management for Life Cycle Inventories – An Example of Using Data Quality Indicators", *Journal of Cleaner Production*, Vol. 4, No. 3-4, 1996.

Weidema B. et al. , "*Overview and Methodology. Data Quality Guideline for the Ecoinvent Database Version 3*", Ecoinvent Report 1 (v3) St. Gallen: The Ecoinvent Centre, 2013.

World Health Organization, "*WHO Methods and Data Sources for Global Burden of Disease Estimates 2000 – 2015*", World Health Organization, Geneva: Department of Information, Evidence and Research,

2017.

Xie G. et al. , "Dynamic Changes in the Value of China's Ecosystem Services", *Ecosystem Services*, Vol. 26, 2017.

Xu X. et al. , "The Research on Generalized Regional 'Resource Curse' in China's New Normal Stage", *Resources Policy*, Vol. 49, 2016.

Zhan J. et al. , "Ecosystem Services Assessment Based on Emergy Accounting in Chongming Island, Eastern China", *Ecological Indicators*, Vol. 105, 2019.

Zhang B. et al. , "Textural and Compositional Evolution of Au-Hosting Fe-S-As Minerals at the Axi Epithermal Gold Deposit, Western Tianshan, NW China", *Ore Geology Reviews*, Vol. 100, 2018.

Zhang L. et al. , "A Consistent Ecosystem Services Valuation Method Based on Total Economic Value and Equivalent Value Factors: A Case Study in the Sanjiang Plain, Northeast China", *Ecological Complexity*, Vol. 29, 2017.

Zhang X. et al. , "Impacts of Lead-Zinc Mining and Smelting on the Environment and Human Health in China", *Environmental Monitoring and Assessment*, Vol. 184, No. 4, 2012.

Zhang X. et al. , "An Emergy Evaluation of the Sustainability of Chinese Crop Production System during 2000-2010", *Ecological Indicators*, Vol. 60, 2016.

Zhao S. , Wu C. , "Valuation of Mangrove Ecosystem Services Based on Emergy: A Case Study in China", *International Journal of Environmental Science & Technology*, Vol. 12, 2015.